阳光快乐体育

YANGGUANG KUAILE TIYU

运动之母竞赛

yundong zhimu jingsai

U0594613

主编：张五平

执行主编：彭崴

本书编写组◎编

彭崴　张五平

世界图书出版公司

广州·北京·上海·西安

图书在版编目（CIP）数据

运动之母：径赛 /《运动之母：径赛》编写组编
. —广州：广东世界图书出版公司，2010.4 （2024.2 重印）
ISBN 978 - 7 - 5100 - 1954 - 8

Ⅰ. ①运… Ⅱ. ①运… Ⅲ. ①径赛 – 青少年读物
Ⅳ. ①G82 - 49

中国版本图书馆 CIP 数据核字（2010）第 050029 号

书　　名	运动之母：径赛	
	YUN DONG ZHI MU JING SAI	
编　　者	《运动之母：径赛》编写组	
责任编辑	韩海霞	
装帧设计	三棵树设计工作组	
出版发行	世界图书出版有限公司　世界图书出版广东有限公司	
地　　址	广州市海珠区新港西路大江冲 25 号	
邮　　编	510300	
电　　话	020-84452179	
网　　址	http://www.gdst.com.cn	
邮　　箱	wpc_gdst@163.com	
经　　销	新华书店	
印　　刷	唐山富达印务有限公司	
开　　本	787mm×1092mm　1/16	
印　　张	10.75	
字　　数	160 千字	
版　　次	2010 年 4 月第 1 版　2024 年 2 月第 9 次印刷	
国际书号	ISBN　978-7-5100-1954-8	
定　　价	49.80 元	

编委会成员

顾　问

朱　玲（四川体育局局长、四川体育总会主席）

刘　青（成都体育学院副院长、教授、博士）

荣誉主编

陈伟（成都体育学院院长,教授,博士生导师）

主　编

张五平

编　委（按姓氏笔画排列）

马　犇	王世伟	史明娜	孙亮亮	刘　晟	刘志敏
乔建国	李祥慧	李琳琳	张　帆	杜　佳	张　婕
杨世勇	杨成波	严晓芹	尚　菲	郑喜磊	祝世友
赵志进	唐小林	顾旭东	徐伦占	徐姜娟	黄　毅
龚　军	梁永杰	董　立	彭　崴	蒋徐万	蓝　怡

本书编写人员

主　编

张五平

执行主编

彭　崴　张五平

执行副主编

李琳琳（成都体育学院研究生部）

王　君（泸州医学院体育系）

蔡晓红（四川音乐学院体育教研室）

执行主编简介

　　彭　崴(1983.8～　　)　男,四川隆昌人,泸州医学院体育系教师,成都体育学院硕士研究生。主要教授田径和排球课程,并从事中小学田径和排球等教学与训练工作。公开发表论文 10 余篇,并参与了多项省级、院级课题的研究。

　　张五平(1957.5～　　)　男,山东临清人,成都体育学院体育系副教授,硕士生导师。主要教授课程有:排球、体育游戏、体育项目概论等。先后以独立作者或第一作者在国家核心刊物发表科研论文 20 余篇,曾获国家体育总局体育院校教学成果二等奖一项、三等奖 2 项、成都体育学院教学成果一等奖,并承担多项省级、院级课题的研究。

　　曾任阿拉伯联合酋长国 ALAHALI－CLUB 俱乐部主教练、巴林国家队主教练,率队参加第十二届亚洲锦标赛,并在第五届海湾杯国际排球锦标赛(西亚地区顶级赛事)中取得了冠军。

前　言

　　当今时代，人人都明白"科技是第一生产力""知识就是财富"，但是，千万不能因此就忽略了对青少年健康体质的培养。青少年时期是身心健康和各项身体素质发展的关键时期。青少年的体质健康水平不仅关系个人健康成长和幸福生活，而且关系整个民族健康素质，关系我国人才培养的质量。为此，《中共中央国务院关于加强青少年体育增强青少年体质的意见》强调"增强青少年体质、促进青少年健康成长，是关系国家和民族未来的大事。""广大青少年身心健康、体魄强健、意志坚强、充满活力，是一个民族旺盛生命力的体现，是社会文明进步的标志，是国家综合实力的重要方面。"

　　但是，由于片面追求升学率的影响，社会和学校存在重智育、轻体育的倾向，学生课业负担过重，休息和锻炼时间严重不足，此外，许多学校体育设施和条件不足，学校体育课和体育活动难以保证，导致青少年身体素质下降。近些年体质健康监测表明，青少年耐力、力量、速度等体能指标持续下降，视力不良率居高不下，城市超重和肥胖青少年的比例明显增加，部分农村青少年营养状况亟待改善。解决未来一代学生体质健康不断下降的问题已成为当务之急。

　　2006年12月23日，教育部、国家体育总局、共青团中央联合下发的《关于开展全国亿万学生阳光体育运动的决定》，进一步深化了"健康第一""每天锻炼一小时，健康工作五十年，幸福生活一辈子"的健康生活理念，这是我国为改变学生体质健康状况持续下降的不利局面，推动广大学生积极快乐参加体育活动而发出的伟大号召，意义重大而深远。

　　阳光体育运动的要求是让中学生走向操场，走进大自然，走到阳光下。阳光体育运动也是快乐的。每个参加者在积极主动地、热情地走进丰富多彩的体育运动，锻炼身体，强健体魄的同时，内心充满活力，充满阳光，向往阳光，享受运动带来的快乐。阳光快乐体育的目标任务是：通过持之以恒地参与阳光快乐体育运动，让青少年养成健康的生活方式，建立奋发向上、不断进取的人生态度，使他们未来拥有健康的体魄、坚忍不拔的意志品质、良好的心理素质、健全的人格，从而成长为有中国特色的社会主义事业的合格建设者和接班人,为未来拥有成功的人生打下坚实的基础。

为此,我们编写了这套丛书,真切希望为广大青少年全面认识和了解丰富多彩的体育运动、选择出适合自己的运动项目提供一个平台,为他们更好地掌握科学的锻炼方法、获得运动健康知识提供一个窗口,从而为形成"人人参与、个个争先"的、生气勃勃的校园体育锻炼氛围,为阳光快乐体育运动的顺利开展和有效实施作出微薄的贡献!适合青少年学生的体育运动项目繁多,各有特色,本系列丛书所涵盖的运动项目主要分为两大类:奥运项目和青春时尚系列运动项目。其中奥运项目包括:篮球、足球、排球、乒乓球、羽毛球、网球、游泳、跳水、花样游泳、赛艇、皮划艇、帆船、水球、田径、体操、艺术体操、重竞技运动、跆拳道、手球、棒球、垒球等;青春时尚系列运动项目主要包括:健美操、青春时尚系列、户外运动、武术套路运动、散打运动等。丰富多样的运动项目体现了本丛书的全面性、系统性的特点,方便广大青少年全面认识和了解丰富多彩的体育运动,根据自己的兴趣爱好、身体素质及学习和生活状况来选择适合自己的运动项目。

本丛书另一个特点是以图文结合的形式介绍每种运动项目,以图释文,图文并茂,让各种动作技术变得易懂易学。这能让青少年更形象、更轻松地理解每一个技术动作,也能更好地培养青少年的空间思维能力,增加学习兴趣。此外,本丛书按教材的逻辑结构编写,每个运动项目介绍内容包括:运动项目的起源与发展→运动项目的基本技术技能→运动项目的快乐入门→运动项目的综合知识→运动项目的竞赛规则→运动损伤及处理措施。条理清晰,简单易懂,让读者在轻松快乐学习该运动项目技术动作的同时,也可了解到相关的一些理论知识。我们衷心希望每个青少年都能将体育运动真正融入到生活、学习和成长过程中去,都能在体育运动中体验快乐,体验快乐的生活方式。祝福每一位青少年都能健康快乐地成长!

本丛书编写过程中,得到了很多朋友的帮助,也从很多同行的著述中得到了启发,特别是陈明生老师为本套丛书提出了许多宝贵意见和指导,在此,表示深深的感谢!

编 者

本书编写说明

田径运动是一项古老的运动，它包涵了人类最基本的跑、跳、投掷等活动技能，具有健身、观赏、娱乐、教育、经济等多种功能价值。田径运动能全面地、有效地发展人的身体素质和运动技能，对其他各项运动技术的发展和成绩的提高都有很好的作用，因此，田径运动也被称为"运动之母"。并且田径运动是各比赛中金牌数最多的项目，它在体育界素有"得田径者得天下"的说法，一直是各国重点发展项目。而田径运动锻炼形式多样，场地、设备和器材比较简单，练习时不易受到性别、人数、时间等条件的限制，便于广泛开展，具有广泛的群众基础。每一名体育工作者都应为落实贯彻《中共中央国务院关于加强青少年体育增强青少年体质的意见》，积极开展"阳光快乐体育运动"，让中小学田径教学与实践工作再上新一个台阶，让中小学生在田径运动中感受到运动的乐趣和得到身心的锻炼，为提高全民身体素质从娃娃抓起贡献自己的一份微薄之力。

本书介绍了径赛运动的起源、发展、特点、径赛欣赏、基本技术、快乐速成等内容。全书内容体现如下特色：

1. 图文并茂。能让青少年更形象、更轻松地理解每一个技术动作，变抽象的文字解释为形象的图片展示，有助于提高学生的学习兴趣。

2. 加入了径赛欣赏内容。不仅让学生了解径赛各个项目的欣赏点，还让学生懂得在观赏径赛比赛时应注意的一些礼仪。

3. 加强了快乐速成练习。本书介绍了许多相关游戏，让学生在快乐游戏的过程中，得到身体素质的锻炼，学会一些简单的项目技术。并结合青少年的特点介绍了适合青少年身体素质的练习方法。

4. 精选具有影响力的径赛明星进行介绍。文中介绍了国内外的径赛明星所取得的优秀成绩及相关趣事。他们背后的故事为中小学生树立了良好的学习榜样，同时也可提高学生对径赛运动的兴趣。

5. 补充了运动生理卫生及健康常识部分。针对径赛运动过程中可能出现的运动损伤，介绍了有效的预防措施及其简单治疗办法，可提高学生自我保护意识及正确简单处理运动损伤的能力。

6. 增加了技术动作的英文名称。学生在学习径赛技术动作的同时，能够知道该动作的英文名称，丰富了学生的专业英语词汇，激发学生对径赛运动更浓厚的学习兴趣。

梁启超在《少年中国说》中说："少年强则国强。"他告诉我们，青少年的身心健康、人格健全，不仅是关系个人的事情，同时也是关系到国家、民族的事情，这是我们目前素质教育所追求的重要目标。此书献给广大青少年，衷心地希望这本书能够激发青少年参与径赛运动的兴趣，体验径赛运动的快乐，增强他们的身体素质，提高他们的生活质量，帮助他们以更好的精神面貌投入到祖国的建设中。

本书共分六章，由彭崴、张五平负责全书的框架构建、统稿与修改。第一、二章由彭崴、张五平、李琳琳编写；第三、四章由彭崴、张五平、王君（泸州医学院体育系）编写；第五、六章由张五平、彭崴、蔡晓红（四川音乐学院体育教研室）编写。

本丛书编写过程中，得到了很多朋友的帮助，也从很多同行的著述中得到了启发，特别是陈明生老师为本套丛书提出了许多宝贵意见并给予相关指导，在此表示深深的感谢！

由于编写水平与经验有限，本书难免有疏漏和不足之处，敬请广大读者批评和指正。

编　者

2009 年 10 月

目　　录

第一章

径赛运动概述

　　田径运动（track and field），是一项具有悠久历史的运动。它是由人类日常生活及与自然界的斗争中的各种动作，逐渐演变而来的。田径运动包括走、跑、跳、投和全能运动，是古今奥运会比赛的重要组成部分之一，也是世界上最为普及的体育运动之一。现今的奥运会，田径比赛的项目占据了47枚金牌，是奥运金牌最多的项目，素有"得田径者得天下"之说。同时田径运动还是各类体育项目训练的基础，是促进人体健康的重要手段。因而，田径运动被誉为"运动之母"。其中，以时间来计量成绩的称为径赛运动，以长度和高度来计量成绩的称为田赛运动，田赛、径赛和全能运动总称为田径运动。

　　径赛运动是田径运动的一类，是在田径场的跑道或规定道路上进行的跑和走的竞赛项目的统称。径赛运动在2008年北京奥运会中共设立了29枚金牌，显然是奥运会金牌大户的重中之重了！

青少年阳光快乐体育丛书

QINGSHAONIAN YANGGUANG KUAILE TIYU CONGSHU

第一节　径赛运动的起源、沿革及奥运发展史

一、径赛运动的起源

田径运动的起源可以追溯到人类的出现。在远古时期，人类为了生存必须寻找食物和躲避野兽，从而在生存斗争中逐渐形成了走、跑、跳、投等动作。随着人类社会的快速发展，再加上娱乐和战争等因素的影响，人们有意识地把走、跑、跳跃、投掷作为练习和比赛形式，才演变成了现在的田径运动雏形，慢慢形成独立的概念。其中，以走、跑动作发展起来的练习比赛的形式，就演变成了现在的径赛运动。

图 1-1

第 1 届古代奥运场地跑

图 1-2

第 1 届现代奥运会宣传画

最初的古奥运会是希腊人的庆典活动，田径比赛只是其重要内容之一。公元前 776 年，在第 1 届古代奥运会上，有了记载人类最早的一次田径比赛，当时的径赛项目只有短跑，而且距离刚好是运动场的长度

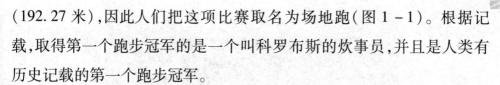

（192.27 米），因此人们把这项比赛取名为场地跑（图 1 - 1）。根据记载，取得第一个跑步冠军的是一个叫科罗布斯的炊事员，并且是人类有历史记载的第一个跑步冠军。

古代奥林匹克运动会田径比赛与我们今天的奥运会田径比赛有着明显的不同，在古希腊及其他一些欧洲国家，田径运动被视为一种高雅和衡量一个人才华标准的运动，甚至一些王室公主和显宦闺秀把田径比赛作为选择对象的条件之一。相对古代奥运会田径比赛，现代奥运会田径比赛被赋予了更多、更广、更深的时代意义。

由于田径运动的形成时间很模糊，于是 1896 年的第一届现代奥林匹克运动会的田径赛，被大家公认为是现代田径运动开始的标志（图 1 - 2）。这也意味着田径运动的正式诞生。而英国则是现代田径运动的发源地。

二、径赛运动的沿革及奥运发展史

古代奥运会从公元前 776 年的第 1 届开始，到公元前 728 年的第 13 届，比赛都只有一个径赛项目——一次场地跑，距离为 192.27 米。而获得冠军的运动员也成为国际奥林匹克运动会荣获第一个项目的第一个桂冠的人，可以说，径赛项目中产生了奥运会历史上的第一枚金牌。径赛项目直到第 14 届才增加了两次场地跑，随后逐渐有了长跑、武装跑以及其他项目的比赛。可见，田径运动中的径赛项目一开始便是奥运会的主要比赛项目。古代奥运会延续了一千多年，是一个综合性运动会，竞赛项目不多，但田径运动中的径赛项目不仅占据很大的比例，发展速度也十分快。

3

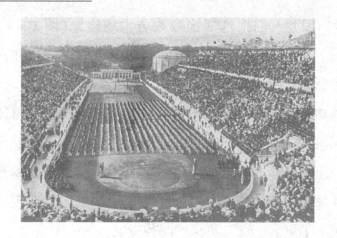

图 1 - 3

1896 年,第 1 届现代雅典奥运会,其场地是一个马蹄形场地

　　1896 年,第 1 届现代奥林匹克运动会标志着真正的大型国际运动比赛的开始,是现代田径发展史上第一次世界性比赛。当时的比赛项目只有 12 项,全部为男子项目,其中径赛项目包括 100 米、400 米、800 米、1500 米、马拉松和 110 米栏,各种设置很不规范,场地是一个马蹄形场地(图 1 - 3)。经过数十年的努力,人们对径赛项目中各项距离以及各项目对人体的不同作用,进行了严格而科学的筛选和增补,才逐步固定为今天的径赛项目。并且人们逐步认识到径赛运动对培养人们身体的速度、耐力和灵敏等方面以及意志品质方面都有良好的效果,是强身健体的有力手段。

图 1 - 4

国际业余田径联合会会徽

1912 年第 5 届奥运会期间,国际业余田径联合会(International Amateur Athletic Federations,IAAF)成立,简称国际田联,总部设在摩纳哥,官方语言为英语和法语(图 1 - 4)。在这届奥运会上,第一次出现了五洲运动员参加比赛的盛况,使现代奥运会初具规模,被人们誉为"奥林匹克运动发展史上的里程碑"。1913 年,国际田联通过了第一部章程。

随着田径运动的发展,人们认识到它的重要性,田径运动在人类生活中的地位也愈加重要。田径联合会在发展田径运动的同时,其自身也得到快速的壮大,会员国遍及世界各地,分别在欧、亚、非、中北美、南美和大洋洲 6 个地区开展工作,会员国达到了 210 个,成为世界上最大的国际单项体育组织。随着各类比赛日益频繁,国际田径联合会设立了除奥运会以外的其他国际比赛,如:世界杯田径赛、世界田径锦标赛、世界室内田径锦标赛等。

古奥运会的比赛中,妇女是没有资格参加和观看的,径赛项目也是如此。不准许妇女参加的原因有两点:第一是因为古希腊体育竞技是宗教庆典仪式之一,认为妇女出席是对神灵的不敬;第二是古希腊崇尚赤

5

身运动,在很长的一个时期,比赛的大部分项目都要求选手赤身进行比赛,妇女出席有伤风化。妇女在这个时期是被阻挡在了体育运动的大门之外,既不能参加也不能观看体育比赛。但随着奥运会的发展,妇女要求参与运动的抗议越来越强烈。

图 1-5

现代奥运会创始人——顾拜旦

　　在现代奥运会田径比赛中,女子争取参加比赛权利的经历是十分艰辛的,这与现代奥运会创始人顾拜旦(图 1-5)初期的保守思想以及以教皇为首的封建保守势力的反对是分不开的。但由于后期顾拜旦思想的转变和国际奥委会的坚持,终于让女子田径比赛有了良好的开端。

图 1-6　　　　　　　　　　　图 1-7

1928 年第 9 届阿姆斯特丹奥运会,是女子田径运动发展的一个起点,

女子田径项目被允许进入奥运会

　　1928 年第 9 届奥运会,增设了女子田径项目,女子径赛项目 100 米、800 米和 4×100 米接力进入了奥运会。奥运会开始有了女子比赛,女性终于获得参加奥运会田径赛的权利,可以和男性一道参加奥运会田径赛了(图 1-6;图 1-7)。

　　但女性争取参加奥运会权利的斗争并不是就此结束,直到 1984 年洛杉矶奥运会,性别歧视才最终被消除,女子运动项目在奥运会上的设置也越来越科学和全面,其中女子径赛项目增加了 400 米栏、3000 米和马拉松。这个时候女子田径比赛才真正全面地出现在了奥运会的舞台上,也才让我们有机会在现在的奥运会及各大国际比赛中看到许多杰出的女子田径运动员。

　　战争的爆发,使奥运会田径运动的发展受到了很大的影响。第 6 届奥运会因第一次世界大战而中断,第 12 届、第 13 届奥运会也因第二次世界大战的影响而未能举办。但田径运动仍然在艰难中坚持向前发展,向着正规化迈进。其一是 1920 年第 7 届奥运会,周长为 400 米的具有标准跑道的田径场首次被使用;其二是 1932 年第 10 届奥运会首次把比赛集中在了两个多星期内举行,使得会期开始走向正规化,并且奥运会田径项目的基本结构开始形成。

高科技产品也随着奥运会发展进入到各项目比赛中。在 1972 年第 20 届慕尼黑奥运会上,田径比赛中的径赛检测首次运用了电子计时器,专门用于径赛的计时,使得径赛成绩更加的精确。本届奥运会也因此被称为"技术奥运会",从而终结了径赛比赛中秒表时代。随后,终点拍摄技术也被引入到径赛项目的重点名次判断中,特别在短跑项目中对运动员的名次判断更加准确。高科技产品不仅运用到裁判的测量中,很快就运用到了运动员的各项装备中,径赛项目中主要体现在运动员的跑鞋和比赛服装上,径赛成绩稳步上升。

素有"金牌大户"之称的田径运动,从 1896 年第 1 届奥运会到 2008 年第 29 届北京奥运会,其发展经过了漫长而艰辛的历程。不管在哪个阶段,田径运动都担当着重要的角色,而这种重要的角色将继续在世界各运动大赛中扮演下去。

三、现代径赛项目的起源

现代径赛项目分为短跑、中跑、长跑、接力跑、跨栏、障碍跑、竞走、马拉松长跑等几类。

短跑:起源于欧洲,最早的正式比赛是在 1850 年的牛津大学运动会上,当时设有 100 码(1 码 = 0.9144 米)跑、330 码跑、440 码跑项目。19 世纪末赛跑距离由码制改为米制。现代短跑项目一般有 50 米跑、60 米跑、100 米跑、200 米跑,400 米跑等。现代奥运会短跑项目有男女 100 米跑、200 米跑,400 米跑等。

中距离跑:最初的项目是 880 码跑和 1 英里(1 英里 =1.6093 千米)跑,从 19 世纪中叶开始,这两个项目被 800 米跑和 1500 米跑项目所替代。现代奥运会中距离比赛项目男、女均为 800 米跑和 1500 米跑,其中男子项目 1896 年列入;女子 800 米跑 1938 年列入,女子 1500 米跑 1972 年列入。

长跑:最初项目为 3 英里(1 英里 =1.6093 千米)跑、6 英里(1 英里 =1.6093 千米)跑,从 19 世纪中叶开始,这两个项目被 5000 米跑和 10000 米跑替代。现代奥运会长跑项目男、女均为 5000 米跑和 10000 米跑。男子项目 1912 年列入;女子 5000 米跑 1996 年列入,10000 米跑 1988 年列入。

接力跑:是田径运动中唯一的集体项目。以队为单位,每队 4 人,每人跑相同距离。其起源有多种说法,有的认为源于古代奥运会祭祀仪式中的火炬传递,有的认为与非洲盛行的"搬运木料"或"搬运水坛"游戏有关,也有的认为是从传递信件的邮驿演变而来。现代奥运会比赛项目分男、女 4×100 米接力跑和 4×400 米接力跑。1908 年第 4 届奥运会首次设立接力项目,但 4 名运动员所跑距离不等。1912 年第 5 届奥运会改设 4×100 米接力跑和 4×400 米接力跑。女子 4×100 米接力跑和 4×400 米接力跑分别于 1928 年、1972 年被列入奥运会比赛项目。

跨栏跑:起源于英国。由牧羊人跨越羊圈栅栏的游戏演变而来。最早的栏架是埋在地面上的木支架或栅栏;1900 年出现可移动的倒 T 形栏架。1935 年有人将 T 形栏架改成 L 形栏架,L 形栏架支脚面向运动员,稍受推力即可向前翻倒,减轻了运动员过栏时的恐惧心理。现代国际比赛男子为 110 米高栏,栏高 106 厘米,栏数 10 个;女子为 100 米低栏,栏高 84 厘米,栏数 10 个。

竞走:起源于英国。19 世纪初,英国出现步行比赛活动。1866 年英国业余体育俱乐部举行首次竞走冠军赛,距离为 7 英里。竞走分场地竞走和公路竞走两种。场地竞走设世界纪录;公路竞走因路面起伏等不可控因素较多,成绩可比性差,故仅设世界最好成绩。竞走于 1908 年的奥运会正式成为比赛项目,并且分为 3500 米及 10000 米两种赛程,后来亦出现过 3000 米及 10000 米的赛事。1932 年的奥运会首次加入 50 公里竞走的公路赛,而 10000 米竞走则在跑道上进行。自 1956 年起,20 公里及 50 公里竞走正式成为奥运会的比赛项目,并且在公路上进行。女子竞走比赛始于 1932 年的捷克,直至 1992 年的奥运会,女子 10000 米竞走才正式成为比赛项目,而且也是在公路上进行。

障碍跑:于 19 世纪在英国兴起。最初在野外进行,跨越的障碍是树枝、河沟。各障碍间的距离长短不一。19 世纪中叶开始在跑道上进行,但其距离不统一,具有很大的随意性,短的 440 码(1 码 = 0.9144 米),长的可达 3 英里。1900 年第 2 届奥运会首次设立障碍跑,分 2500 米和 4000 米两个项目。从 1904 年第 3 届奥运会起,将障碍跑的距离确定为 3000 米,并沿用至今。

马拉松长跑:马拉松,原为希腊的一个地名。公元前 490 年,希腊军队在马拉松平原击退波斯军队的入侵。传令兵菲迪皮德斯从马拉松镇跑到雅典城,在报告胜利的消息后,因体力衰竭倒地而亡。1896 年首届奥运会上设立了马拉松长跑项目,全程距离 26 英里 385 码,折合为 42195 米(图 1 - 8)。马拉松长跑分全程马拉松(Full Marathon),半程马拉松(Half Marathon)和四分马拉松(Quarter Marathon)3 种。以全程马拉松比赛最为普及。一般提及马拉松,即指全程马拉松。女子马拉松开展较晚,1984 年首次被列入第23 届奥运会。

图 1 - 8

奥运会第一位马拉松冠军——希腊士兵斯皮里东·路易斯

第二节 径赛运动的特点

一、径赛项目的多样性

图 1 - 9 径赛项目

田径运动一共有 47 个项目,男子 24 项,女子 23 项,其中径赛项目男子 15 项,女子 14 项。男子径赛项目比女子多了一项 50 公里竞走。

目前国际田径比赛男女径赛项目设置:

男子(15 项):100 米、200 米、400 米、800 米、1500 米、5000 米、10000 米、110 米栏、400 米栏、3000 米障碍、马拉松、20 公里竞走、50 公里竞走、以及 4×100 米和 4×400 米接力。

女子(14 项):100 米、200 米、400 米、800 米、1500 米、5000 米、10000 米、110 米栏、400 米栏、3000 米障碍、马拉松、20 公里竞走以及 4×100 米和 4×400 米接力。

二、群众基础的广泛性

田径运动是参与人数最多的运动项目,具有很强的普及性,其径赛运动的可参与性则更为突出。在径赛项目中,长跑运动受到人们群众的广泛喜爱,人们在长跑过程中可以根据自身的具体情况,根据天气或道路等客观因素进行自我练习,十分方便。每年各地举行的各种越野跑也是群众参加最积极、人数最多的项目。可见,不同年龄、性别和不同身体状况的人都能很轻松地参与到径赛运动中,并且在运动的过程中,自己可以根据实际情况控制运动量和运动强度,没有人数的参与要求,更没有身体的对抗,减少了受伤的可能性。因而,是人们锻炼身体的首选运动之一。(图 1-10;图 1-11)

图 1-10 万名长跑爱好者参加北京国际长跑节

三、受客观条件限制少

图 1 - 11　越野跑　　　　图 1 - 12　群众性登高比赛

　　径赛运动对客观条件几乎没有要求，主要就是跑步，而跑步对空间、时间、气候和器材等要求都十分的随意，在任何地方、任何时候都可以根据实际情况进行相适应的跑动。可见，径赛运动受经济发展水平影响程度十分低，几乎不需要投入。天气好，还可以到郊外进行越野跑，如果天气不好，在楼梯间上下跑动（爬楼梯比赛）也能达到锻炼身体的作用。

四、充分展现自我超越

　　径赛项目与对抗性的项目不同，不需要身体接触通过对抗来进行比赛，更主要的是通过在比赛中充分发挥自身的最高水平来取得好成绩。在高水平的径赛比赛中，运动员之间的成绩都十分接近，胜负就在刹那之间。在比赛中常常出现几名运动员同时撞线的情况，这时裁判都只能通过电子计时录像来判断名次，运动员之间的成绩也往往都精确到百分之一秒。因而，这要求运动员不仅要有很好的个人能力和技术，还要有良好的心理素质，进而充分发挥自身的能力，不畏强手，超越自我。即便

13

是一个人跑步锻炼,跑得更快一点,坚持时间更长一点,不断超越自己制定的目标,也是实现自我超越,使自己变得更强的有效办法。

第三节　径赛运动发展态势

一、世界径赛强势格局发生变化

田径运动从一开始美国独领天下的单一格局,慢慢演变到美国、俄罗斯和德国的"三国鼎立"格局,再到现在的势力分布均衡的格局。而在径赛上,也出现了新格局。在北京奥运会上,牙买加短跑势力突起,以6金的成绩排在美国和俄罗斯之后,名列第三,可见当今径赛运动在势力分布上越来越趋于均衡化。目前各项目势力分布大致如下:

(一)短跑项目上,美国和牙买加占优势,但北京奥运会以来,牙买加选手的出色发挥,掀起了一阵强烈的加勒比海风暴,打破了美国的短跑垄断地位。

图 1-13　尤赛恩·博尔特

尤赛恩·博尔特(图1-13)，男，牙买加运动员。2008年北京奥运会男子100米、200米双料冠军;2009年世界田径锦标赛蝉联男子100米、200米冠军,并且4次夺冠均打破世界纪录。

图1-14　雪莱-安·费雷泽

雪莱-安·费雷泽(图1-14),女,牙买加运动员。2008年北京奥运会和2009年世界田径锦标赛女子100米金牌获得者。在北京奥运会上,牙买加女运动员包揽了女子100米前三甲,让美国运动员在此项目上颗粒无收;在2009年世界田径锦标赛上,包揽女子100米金银牌。

韦罗妮卡·坎贝尔－布朗

图 1－15

韦罗妮卡·坎贝尔－布朗(图 1－15),女,牙买加运动员,2008 年北京奥运会蝉联女子 200 米冠军。

而美国在短跑项目上只取得了男子 400 米、400 米栏和女子 100 米栏的金牌,这与他们之前每次比赛几乎都包揽了所有短跑项目金牌的成绩相差甚远。

(二)中长跑则是以肯尼亚和埃塞俄比亚等非洲国家表现最为突出。

肯尼亚:在北京奥运会上,夺得男子 3000 米障碍跑、800 米跑、马拉松冠军和女子 800 米跑、1500 米跑冠军。

埃塞俄比亚:在北京奥运会上,夺得男子、女子 5000 米跑和 10000 米跑 4 枚金牌。

可见,在当今世界田坛的径赛中,竞争更加激烈,并且势力更加均衡。

二、科技含量增加

图 1 - 16

　　2000 年悉尼奥运上, 悉尼本土选手弗里曼夺得女子 400 米金牌(图 1 - 16)。弗里曼在参加女子 400 米决赛时, 是 8 名选手中唯一穿紧身连体比赛服的运动员, 而且武装到了头。据说, 这是耐克公司专门为她量身制作的比赛服, 能在跑动的过程中减少空气阻力。

图 1 – 17

图 1 – 17 展示的是雅典北京奥运会男子 110 米栏冠军,我国著名田径运动员——刘翔的跑鞋。这双跑鞋是耐克公司通过不断给刘翔测试他在跑动过程中脚底的着地部位,并调整其跑鞋鞋钉的位置,"量脚"为刘翔制作的。这双鞋能帮助刘翔在跑动的过程中更好地发挥蹬地力量,从而取得好成绩。

由此可见,随着科技技术的不断创新和发展,体育与科技的结合也越来越紧密,因而有学者说过:"金牌背后是科技大战。"而每一次世界性的比赛,都是一次高科技产品的展示。由于大量现代科技的运用,径赛运动在场地、器材和训练方法等方面都进行了一系列的改变,使世界径赛运动水平取得了大幅度的提高。

三、商业化、职业化氛围浓郁

世界经济的发展带动了体育运动水平的提高,而体育运动给投资商带来的丰厚效益,使也越来越多的赞助商开始投资到体育运动中。田径运动在经济的带动下迅速发展,除奥运会、田径锦标赛等传统赛事之外,出现了许多商业化的世界性比赛,目前最为成功的一项田径比赛——国际田联黄金联赛,黄金联赛以高额的比赛奖金和运动员出场费,吸引了世界田径各项目顶尖选手来参加比赛,提高了比赛的精彩程度。伴随比赛性质的变化,也就促进了运动员的身份变化,许多人由原来的业余运动员,为了夺取比赛奖金和出场费,开始进行专业训练,从而把田径比赛作为自己的职业。目前职业性的运动员人数越来越多,他们在参加比赛时,也开始有选择性地参加一些利益较大的比赛。

四、径赛运动成绩提高迅速

2008 年北京奥运会的口号是"更高、更快、更强"。在比赛过程中,运动员都拼尽全力争取好的成绩,而比赛的结果告诉我们,径赛运动正是向着这个方向在稳步前进。当今国际田径竞赛中,运动员之间的实力差距越来越小,比赛竞争性也越来越强。运动员在比赛中所取得的成绩,一次一次突破了所谓人类能力极限成绩,从而给人们留下更大的遐想空间,让人们更加的期待下一次高水平的比赛。

以 2008 年世界男子 100 米前 10 名的运动员成绩为例,可看出当今世界径赛运动成绩提高的速度何等惊人!

排名	姓名	国籍	创造成绩时间	百米成绩
1	博尔特	牙买加	2008 年 5 月 31 日	9 秒 72
2	博尔特	牙买加	2008 年 5 月 3 日	9 秒 76
3	盖伊	美国	2008 年 6 月 28 日	9 秒 77
4	鲍威尔	牙买加	2008 年 7 月 29 日	9 秒 82
5	盖伊	美国	2008 年 5 月 31 日	9 秒 85
6	博尔特	牙买加	2008 年 6 月 28 日	9 秒 85

7	鲍威尔	牙买加	2008 年 7 月 22 日	9 秒 85
8	帕吉特	美国	2008 年 6 月 28 日	9 秒 89
9	佩顿	美国	2008 年 6 月 28 日	9 秒 89
10	博尔特	牙买加	2008 年 7 月 22 日	9 秒 89

组别 / 成绩 / 项目	男子		女子	
	成绩	姓名(国籍)	成绩	姓名(国籍)
100 米	9.58 秒	博尔特(牙买加)	10.49 秒	乔伊纳(美国)
200 米	19.19 秒	博尔特(牙买加)	21.34 秒	乔伊纳(美国)
400 米	43.18 秒	迈克尔－约翰逊(美国)	47.60 秒	科赫(民主德国)
800 米	1:41.11	基普凯特(丹麦)	1:53.28	克拉托赫维洛娃捷克斯洛伐克
1500 米	3:26.00	奎罗伊(摩洛哥)	3:50.46	曲云霞(中国)
5000 米	12:37.35	贝克勒(埃塞俄比亚)	14:11.15	T－迪巴(埃塞俄比亚)
10000 米	26:17.53	贝克勒(埃塞俄比亚)	29:31.78	王军霞(中国)
110 米栏	12.87 秒	罗伯斯(古巴)		
100 米栏			12.21 秒	冬克娃(保加利亚)
400 米栏	46.78 秒	凯文－扬(美国)	52.34 秒	佩奇昂基娜(俄罗斯)
3000 米障碍	7:53.63	沙辛(卡塔尔)	8:58.81	加尔金娜(俄罗斯)
马拉松	2:03:59	格布雷希拉希耶埃塞俄比亚	2:15:25	拉德克里夫(英国)
20 公里竞走	1:16:43	莫洛佐夫(俄罗斯)	1:25:41	伊万诺娃(俄罗斯)
50 公里竞走	3:34:14	尼泽格洛多夫(俄罗斯)		
4×100 米接力	37.10 秒	牙买加	41.37 秒	民主德国
4×400 米接力	2:54.20	美国	3:15.17	苏联
跳高	2.45 米	索托马约尔(古巴)	2.09 米	科斯塔迪诺娃(保加利亚)
跳远	8.95 米	鲍威尔(美国)	7.52 米	奇斯佳科娃(苏联)
三级跳远	18.29 米	爱德华兹(英国)	15.50 米	克拉维茨(乌克兰)
撑杆跳高	6.14 米	布勃卡(乌克兰)	5.06 米	伊辛巴耶娃(俄罗斯)
铅球	23.12 米	巴恩斯(美国)	22.63 米	利索夫斯卡娅(苏联)
铁饼	74.08 米	舒尔特(民主德国)	76.80 米	赖因施(民主德国)
标枪	98.48 米	泽莱兹尼(捷克)	72.28 米	斯波达科娃(捷克)
链球	86.74 米	塞迪科(苏联)	78.61 米	沃尔达齐克(波兰)
七项全能			7291 分	杰西－乔伊娜(美国)
十项全能	9026 分	塞布勒(捷克)		

第四节　中国径赛运动的发展

一、旧中国的径赛运动

半封建半殖民地的旧中国,经济十分落后,民不聊生,尽管举办过 7 届全运会,但田径运动水平很差,总体来看处于一个学习和起步阶段。在这个阶段,田径运动发展变化主要表现出以下几个重要方面:

1910 年 10 月,在南京南洋劝业业场举行了"全国学校区分队第一次体育同盟会",即旧中国第 1 届全国运动会。4 年之后,1914 年,旧中国第 2 届全国运动会在北京天坛举行。但在这两届全国运动会田径比赛中,不论是组织、规程和规则的制定,还是裁判员、工作人员等,大多数都是外籍教士所包办,并且径赛项目丈量距离也是采用英制单位。

在随后的 10 年中,由于战火纷飞,旧中国的体育运动受到了巨大的影响,各种比赛也停止。直到 1924 年 5 月,旧中国第 3 届全国运动会才在武昌公共体育场举行。这是一届真正意义上的中国人的田径比赛,从前期的筹备工作到赛中的组织,都是由中国人自己主办,并且径赛项目单位也都改为了米制。可以说这届全运会是我国田径运动的开端。

尽管当时我国封建思想的影响还十分浓厚,但在对待女子参加田径运动上,却表现出了较为开明的思想。在 1928 年奥运会之后,1930 年 4 月 1 日~11 日,在杭州举行的旧中国第 4 届全国运动会上便开始允许女子参与田径比赛,比赛项目设置了 5 项。并在 1933 年第 5 届全运会上增加到了 11 项,比 1936 年奥运会所设置的女子项目还多出了 5 个。

1932 年第 10 届奥运会在美国洛杉矶举行,中国首次派出了代表团参加,尽管代表团只有 3 个人:代表嗣良,田径选手刘长春(图 1 - 18;图 1 - 19)和教练员宋君复,但这是中国人在径赛项目上第一次参加国际大赛。这不仅是中国田径运动史上的一个里程碑,更是中国径赛发展过程中不可忽视的重要开端。

图 1 - 18　刘长春

图 1 - 19

1935 年,旧中国第 6 届全国运动会在上海新落成的江湾体育场举行。随后在 1936 年,中国派团赴德国柏林参加第 11 届奥运会,随同前往的还有一个34人的"中华赴欧体育考察团"。常年的战争使得中国第7届全国运动会直到1948年才在上海举行。同年的7月29日,中国第二次派团赴英国伦敦参加第14届奥运会,田径选手陈英郎、黄两正、楼文敖3人参赛。

二、新中国的径赛运动

1949年新中国的成立,中国径赛运动迎来了一段新的历程。1952年3月23日,中华全国体育总会秘书长荣高棠致函国际业余田径联合会等,声明:自1949年中华人民共和国成立以后,"中华全国体育总会"是代表中国人民的唯一合法体育组织,愿继续参加各个国际体育联合会的组织、会议与体育活动。这也宣告了中国体育运动的全新发展。国家和各省、市、自治区都积极创造各种条件推动田径运动的发展,并培养了一批体育教学、科研和管理人才,为我国田径运动员开始走向世界奠定了基础。

1954年8月,中国田径协会成立(图1-20)。国际业余田径联合会在第19届代表大会上一致通过中国田径协会为会员。

青少年阳光快乐体育丛书

QINGSHAONIAN YANGGUANG KUAILE TIYU CONGSHU

图 1-20

　　1972 年 12 月,亚洲运动联合会举行特别会议,确认中华人民共和国总会为该联合会会员。1974 年中国代表团参加第 7 届亚洲运动会,在田径比赛中取得 5 枚金牌、10 枚银牌、6 枚铜牌,9 人 2 队破 9 次亚运会纪录。1975 年中华人民共和国第 3 届运动会在北京举行,田径比赛第一次使用电动计时和塑胶跑道。1975 年 10 月中国田径队访问日本,举行第 1 届中日田径对抗赛。

　　文化大革命结束后,我国田径运动得到迅速恢复,并开始冲出亚洲,走向世界。首先体现在我国田径协会在地位上的提升,1978 年,国际业余田径联合会在波多黎各圣胡安举行的代表大会上通过决议,恢复中国田径协会在国际业余田径联合会中的合法席位。紧接着 1979 年 10 月,国际奥委会通过决议,恢复中国在国际奥委会的合法席位。两年之后的 1981 年 9 月,国际业余田径联合代表大会决定,将中国田径协会的投票

24

权数由 B 组晋升至 A 组。

　　尽管中国田径水平在逐步提高,但径赛项目水平却始终不尽如人意,与其他国家的差距还很大。

图 1 - 21　陈跃玲获第 25 届奥运会女子 10 公里竞走冠军

　　直到 1992 年 8 月 3 日,我国运动员陈跃玲获第 25 届奥运会女子 10 公里竞走冠军,从而实现了中国田径运动员在奥运史上金牌零的突破(图 1 - 21)。

　　1992 年 8 月,中国田径协会主席何振梁升任国际奥林匹克委员会第一副主席。

　　1993 年第 4 届世界田径锦标赛,我国选手共获 4 项冠军、2 项亚军、2 项季军的优异成绩。特别是在径赛项目中的女子中长跑上,马俊仁所带的运动员掀起了一阵中国狂潮,不仅包揽了参加项目的前三名,还多次打破世界纪录。中国女子田径运动员出色的表现得到了世界田坛的认可。

图 1-22 王军霞和教练马俊仁手捧欧文斯奖杯

图 1-23 "东方神鹿"王军霞

　　其中,王军霞表现最为突出,她也因此于 1994 年在纽约荣获第 14 届杰西·欧文斯国际奖(图 1-22),成为中国和亚洲第一位获此殊荣者,随后王军霞在 1996 年第 26 届奥运会田径比赛,获女子 5000 米冠军和 10000 米亚军,被誉为"东方神鹿"(图 1-23)。

三、新世纪的中国径赛运动的发展

图 1-24 悉尼奥运会女子 20 公里竞走冠军王丽萍

图 1-25 雅典奥运会男子 110 米栏冠军刘翔

图 1-26　雅典奥运会女子 10000 米冠军邢慧娜

图 1-27　2009 年世界田径锦标赛女子马拉松冠军白雪

28

　　随着新世纪的到来,中国田径运动在径赛项目中续写着新的辉煌。2000 年悉尼奥运会上,王丽萍为中国夺得女子 20 公里竞走金牌(图 1 - 24)。2004 年雅典奥运会上,刘翔(图 1 - 25)和邢慧娜(图 1 - 26)分别夺得男子 110 米栏和女子 10000 米跑两块金牌,而刘翔所取得的奥运会金牌不仅是我国男子选手在田径赛场取得的第一枚奥运会金牌,也是我国乃至亚洲男子选手在田径短距离项目上所取得的最好成绩。随后刘翔开始了世界 110 米栏的"统治",成为了这个项目上的大满贯得主。中国田径运动在径赛项目的历史上书写了辉煌的一页。尽管在 2008 年北京奥运会上我们的田径成绩不佳,但是在 2009 年的世界田径锦标赛的径赛项目中,白雪却为我国夺得女子马拉松的金牌(图 1 - 27)。

　　我们相信,中国的田径运动发展必将越来越好,中国的径赛运动,必将迎来更加辉煌的明天!

29

第二章
径赛运动主要项目基本技术

　　田径运动包括 47 个小项目,其中男子 24 项,女子 23 项。而这些小的项目组成了田径运动中的三大主要组成部分:径赛、田赛和全能,但其中全能中的各项都是从径赛和田赛中挑选出来的项目。本书将对径赛项目的基本技术进行详细的介绍。

第一节　径赛项目的分类

　　径赛项目是指运动员通过完成相同距离所用时间的多少来衡量运动员比赛胜负的项目。按照距离的长度和技术特点来分,径赛项目包

图 2-1

短跑(100 米、200 米、400 米)

图 2-2

(800 米、1500 米、5000 米和 10000 米)

括:短跑(图2−1)、中长跑(图2−2)、马拉松(图2−3)、跨栏跑(图2−4)、障碍跑(图2−5)、接力跑(图2−6)和竞走(图2−7)。

图2−3

马拉松

图2−4

栏跑(110米栏、100米栏和400米栏)

图2−5

障碍跑

图2−6

接力跑(4×100米、4×400米)

青少年阳光快乐体育丛书

QINGSHAONIAN YANGGUANG KUAILE TIYU CONGSHU

图 2－7

竞走(20 公里、男子 50 公里)

第二节　径赛项目技术

不同类别的项目所包含的各小项之间,不仅具有共同的技术特性,又具有各自独特的技术特征。我们将分别对这些小项目的基本技术进行介绍。

一、短跑(Sprints)

由于跑步是人类祖先生存的技能之一,短跑自古奥运会诞生之日起,便被列入了比赛项目,是一项古老的运动。在现代田径运动的概念中,短跑包括 100 米,200 米和 400 米 3 个项目。我们主要对短跑中包括的 5 个主要技术环节进行介绍:起跑、起跑后的加速跑、途中跑和终点跑及弯道跑技术。

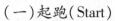

（一）起跑(Start)

最初的比赛,不仅没有起跑器,而且连起跑的姿势也是没有严格规定的,比赛中出现了各种各样的起跑姿势(图2-8)。裁判员的口令"跑"代替了现在比赛中的枪声,直到19世纪中叶,发令枪才进入到比赛中。1927年,起跑器诞生,但直到1936年第11届奥运会才被较为广泛的使用,对起跑姿势的改进和提高短跑运动成绩起到了催化剂的作用。发令员的口令也逐步演变到现代比赛中的口令——"各就位"、"预备"和"跑"(即枪声),英语为"On your marks"、"Set"和"Go"。

图2-8　第1届奥运会上,各式各样的起跑姿势

"蹲踞式起跑"姿势的产生,是根据获得奥运会史上第一个100米跑冠军——美国人托马斯·伯克的起跑姿势改进而来的。据说,当时伯克采用的近似"蹲踞式起跑"的姿势是来源于他在澳大利亚旅游时,看到袋鼠在跑之前把身体俯得很低,后腿弯曲,因而向前跃动时的冲力很大,跑得很快。从而托马斯·伯克得到启发,随后他在第1届奥运会中采用了被人们视为发疯了的起跑姿势。但托马斯·伯克却最后夺得冠军,并在预赛中以11秒8的成绩创造了第一个100米跑的奥运会纪录。

在现代田径比赛中,规则规定短跑起跑必须采用蹲踞式起跑

（crouch start），必须使用起跑器（图2-9）。

图2-9　2008年北京奥运会女子100米跑起跑

直道起跑和弯道起跑所安放的起跑器是不同的，直道起跑器安放如下（图2-10）：

图2-10

一般情况下，运动员根据个人习惯把比较有力的腿放在前面，前脚离起跑线的距离为运动员本人的一个半脚掌长，后腿距离起跑线的距离为两个半脚掌长。起跑器中轴的延长线与起跑线垂直。

1. 动作方法

图 2 - 11

手型:四指合拢,拇指和食指成"八"字,整个手臂伸直(图 2 - 11)。当运动员都准备就绪后,按照发令员的口令完成起跑动作。

图 2 - 12

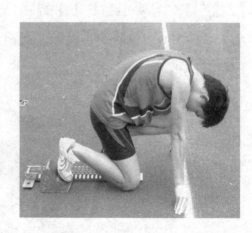

图 2 - 13

(1)听到"各就位"的口令后,运动员俯身,双手撑地,两脚分别蹬在起跑器的前后抵足板上,后腿膝关节跪地。双手撑地要在起跑线之后,两臂伸直,两手间的距离约与肩同宽或稍宽。重心在四肢之间,身体

青少年阳光快乐体育丛书

QINGSHAONIAN YANGGUANG KUAILE TIYU CONGSHU

放松(图 2 - 12；图 2 - 13)。

图 2 - 14　　　　　　　　　　　　图 2 - 15

(2) 听到"预备"的口令后,臀部逐渐抬起,要比肩部稍高。重心前移,由双臂和前腿来支撑。前腿和后腿各自形成适合自己更好发力的角度,为腿部完成蹬扒起跑做好准备(图 2 - 14；图 2 - 15)。一般情况下,"预备"姿势时两小腿趋于平行,前腿膝角约为 90°~100°,后腿膝角约为 110°~130°,身体重心投影点在距起跑器 15 - 20 厘米处,两脚贴近在前后起跑抵足板上。

图 2 - 16

（3）当听到枪声之后，双手迅速推离地面，前后摆动，同时双腿用力蹬起跑器，特别是前腿的用力蹬伸。后腿积极前摆，完成起跑第一步（图2－16）。

2. 注意事项

（1）在第一步动作时，全身放松，双眼在起跑时，应平视前方。

（2）当臀部抬起，重心前移后，双脚一定要贴紧起跑器的抵足板，并保持身体稳定，不能晃动。

（3）后腿完成的第一步起跑，抬腿不要过高，步长较小，并积极下压，重心要随着起跑后慢慢抬起，不要抬重心过快。

（二）起跑后的加速跑（Acceleration）

这个过程是帮助运动员在最短的时间内达到自己最快速度。一般来讲，加速的距离为30米左右（优秀运动员更长）。

这个阶段，运动员的身体处于较大的前倾姿势，其支撑点都是在身体重心投影点的后面，为了不让身体向前摔倒，保持身体平衡，要求运动员通过双腿和双臂的快速摆动以及蹬地动作来完成。一般情况，起跑后第一步约三脚半长，第二步约四脚至四脚半长，此后随着速度的提高，步长的增加，身体重心慢慢抬起，直至途中跑的步长。以下是世界性男子100米比赛时加速跑阶段运动员的技术动作（图2－17）：

图 2 - 17

加速跑阶段,最开始的几步两脚的着地点并不是在一条直线上的,并且两脚掌着地的方向稍向内扣,这样有助于蹬地发力。随着速度的加快,两脚着地点逐渐合于一条直线上,支撑腿着地点的位置也逐渐前移,直至在身体重心的投影点前面着地。

在这个阶段,通过高频率使得运动员在尽可能短短时间内获得快的加速度,从而为下一个阶段的途中跑提供好的速度,因此起跑后的加速度动作要领用一句顺口溜来总结是:幅度小,频率快,身体前冲提速快。

(三)途中跑(Running)

这个过程要求运动员要有很好的发挥和保持自身最快速度的能力,是起跑后加速跑结束即进入的第三个阶段。这个技术动作由后蹬和前摆、腾空、着地和缓冲几个部分组成。

其姿势如下图(图 2 - 18):

图 2 – 18

1. 后蹬和前摆

后蹬是身体重心通过支撑垂直面时支撑腿向后蹬地的动作。后蹬发力是腿部各关节依次发力的过程,从髋关节开始,带动膝关节、踝关节地蹬伸,最后到脚掌蹬离地面。前摆则是支撑腿蹬离地面后,迅速有力地向前上方摆出的动作。

途中跑的关键就在于支撑腿与摆动腿的协调配合,正确的蹬摆技术,尤其是加快摆动腿前摆的幅度和速度,能增大支撑反作用力、减小支撑腿的后蹬角度、提高水平速度和减少身体重心上下波动。

2. 腾空

支撑腿结束蹬地,双腿均在空中,进入无支撑状态的一个阶段。腾空是从后蹬腿的脚尖离开地面开始,后蹬腿的大腿随着蹬地后惯性,膝关节自然折叠屈曲,与此同时,另一条腿积极前抬大腿形成屈髋动作,从而达到折叠前摆的姿势。

也就是说,后蹬腿蹬地折叠前摆时,前摆腿已经接近前摆的最高位置,前摆腿摆至最高位置后,大腿要积极下压,小腿随着大腿快速摆落,形成"鞭打"着地动作。同时,后蹬腿膝关节的夹角越来越小,当前摆腿着地前,后蹬腿膝关节的夹角达到最小,也就是大小腿折叠最为充分。前摆腿一旦着地成为支撑腿,那么两腿的作用马上相互转换了。而在这个转换的过程中,前后两大腿应做快速的"剪绞"动作,从而加快步频。

在这个阶段,应该注意以下几个方面:

第一、上体保持稍向前倾,头部正直,两眼平视前方。

第二、摆臂时以肩为轴前后摆动,颈部放松,手呈半握拳或伸直。

第三、前摆时,肘关节角度略小于90°,手稍高于下颚,后摆则略大于90°,上臂摆到与地面接近平行即可;切忌不要耸肩。

3. 着地和缓冲

着地瞬间,小腿与地面接近垂直,而在下压过程中,要避免小腿前伸,让前脚掌带有弹性地着地。摆动腿积极着地能减少着地时产生的阻力,帮助身体重心迅速过渡到后蹬动作。然后快速屈膝屈踝缓冲,伴随跑动惯性,摆动腿大小腿折叠,并迅速向前摆动和支撑腿靠拢。在这个过程中,有以下几个要点需要注意:

第一、当身体重心位于支撑点上方时,身体的重心高度几乎接近最低点,而重心刚超出支撑面的瞬间,达到最低,膝关节和踝关节在这个时候屈曲的角度最大,为蹬伸形成良好的基础。

第二、缓冲过程中,另一条腿的大小腿应尽量充分折叠,折叠越好,就越能缩短摆动半径,减小摆动阻力,加速摆动速度,增大后蹬的效果。

手臂和腿部的摆动要协调,在保持快速摆臂和摆腿的同时,尽量增加每一步的距离,使得步长和频率达到一个良好的结合。后腿用力向前蹬地,前腿积极高抬下压,小腿积极前伸扒地。身体重心接近直立。

因此,我们对这个阶段的技术动作要领用一句顺口溜来形容:后腿蹬,前腿伸,双臂摆动步长增。步长和步频是短跑提高成绩的两个重要因素,在途中跑阶段,步长增加的同时,尽量使步频保持高频率,这样才能保证我们能取得一个号的短跑成绩。

(四)终点跑(Finish)

撞线姿势(图2-19):

图2-19

终点跑,顾名思义就是接近终点时的最后一段,由于体力下降,运动员在这个阶段应尽量保持高速跑过终点。在规则中规定,以运动员的躯干任何部分通过终线垂直面才算完成比赛。因此技术特点是,在保持好双臂和双腿摆动同时,上体开始前倾,并在离终点一步的距离,增大上体前倾角度,双手后摆,用胸或肩部撞过终点线,然后逐渐减速(图2-20)。

青少年阳光快乐体育丛书 QINGSHAONIAN YANGGUANG KUAILE TIYU CONGSHU

图2-20 黄金联赛男子100米跑运动员撞线姿势

(五)弯道跑技术

弯道跑起跑器的安放和直道起跑器安放基本相同,前后脚距离起跑线的距离和直道起跑器是一样的,唯一不同的是起跑器中轴的延长线与弯道的弧线相切,这就保证了运动员在起跑后的加速阶段仍然是在一段直线上进行跑进的。安放如下图(图2-21):

图2-21

弯道跑技术主要用于200米和400米跑中,弯道跑技术在这两个项目中具有重要作用,因为这个两个项目有一半以上的距离是在弯道上进行的。顶尖的 200 米和 400 米选手都是十分优秀的弯道跑运动员,突出的弯道跑技术是帮助运动员取得好成绩的重要因素之一。

图 2 – 22

弯道跑

图 2 – 23

博尔特 200 米跑时的弯道跑姿势

　　弯道跑技术是从运动员进入弯道后开始。弯道跑时,身体应有意识地向内侧倾斜,加大右侧手臂和腿的摆动力量和幅度,是运动员整个身体紧贴跑道内侧向前跑(图 2 – 22;图 2 – 23)。而当弯道跑要结束进入直道跑时,身体应慢慢从向内倾斜恢复到直立角度,双臂和双腿的摆动均衡,技术动作与 100 米途中跑相同。

　　200 米和 400 米是在弯道上起跑,起跑器的摆放有所不同。起跑器应安放在靠近所在跑道的外缘,与左边跑道弧线成一条切线,这样就保证了起跑后是在一条直线上进行加速跑,有助于运动员更好更快地提高到自身的最佳速度进入到途中跑,取得好成绩。

二、中长跑(Middle And Long Distance Running)

从古至今,中长跑一直都被列为健身强体最有效的方法之一。而在各类比赛中,参加各种长距离比赛的人数可谓是其他各项目最多的。中长跑包括中距离和长距离的跑。其中中距离跑包括:800米,1500米;长距离则由5000米和10000米组成。不管是哪种距离的跑,中长跑技术动作基本相同,只是针对不同距离有着细微的区别。总体来说,主要由起跑、起跑后的加速跑、途中跑和终点跑及呼吸技术环节构成。

(一)起跑(Start)

中长跑的起跑姿势为站立式起跑。裁判口令为"各就位"(On your marks)、"跑"(Go)或枪声。

1. 动作方法

图 2 - 24

双臂一前一后

图 2 - 25

双臂自然垂于体前

图 2 - 26

侧面动作

(1)听到"各就位"的口令后,运动员走到起跑线后,按照个人习惯,两腿前后站立,上体自然前倾,双臂自然一前一后或是在体前自然下垂,也可以双手自然垂于体前。眼睛看前方,身体保持稳定,不要晃动。(图

2-24~图2-26)

（2）听到枪声后,两腿用力蹬地,两臂与两腿配合协调蹬地摆动,在身体向前冲出的同时,重心抬起稍向前倾。

2. 注意事项

（1）起跑时,两腿的弯曲和身体的前倾程度,依照个人战术和习惯而定,弯曲和前倾角度越大,起跑的速度越快。

（2）一般建议站立式起跑采用左脚在前,这样起跑后,右臂的摆动可以防止人多而发生的推挤现象,保护自己。

（二）起跑后的加速跑(Acceleration)

在中长跑的比赛中,起跑后的加速跑,主要是根据自身特点和比赛战术而定。和短跑的这个阶段不同,中长跑在这个过程中主要是为了抢占有利的位置,技术动作没有什么特别之处,只是要注意跑进路线应按照切线方向进行跑进。

（三）途中跑(Running)

中长跑的途中跑技术和短跑中的途中跑技术基本相同。只是在跑进的过程中,中长跑要求两臂和双腿的摆动更加放松,步长和频率按照运动员自身特点而定。总体来说,技术特点为:上体正直或稍前倾,两眼平视前方,两臂和两腿自然放松摆动,动作速度、幅度和用力较小。

中长跑一般多采用匀速跑,匀速跑能为肌肉和内脏器官的活动提供有利条件,并能推迟疲劳的出现。但在现代中长跑比赛中,由于竞争十分激烈,运动员往往因战术的需要而改变跑的节奏,从而打乱其他运动员的节奏,获得胜利。另外,长时间用一种节奏跑步会使运动员感到单调,适当的进行节奏的变化,能使运动员更加的兴奋。

（四）终点跑(Finish)

终点跑在中长跑中因项目距离的不同,结合自身水平和特点、战术安排和比赛具体情况等而定。但在技术方面是和短跑的技术一样的,冲刺撞线都是在保持平衡状态下身体前倾,双臂向后,用胸或肩去撞线。

在现代中长跑比赛中,因距离的不同,运动员最后阶段冲刺跑的距离也不相同。一般情况下,800 米在最后的 200 ~ 300 米、1500 米在最后的 300 ~ 400 米、3000 米以上在最后 400 或稍长的距离开始终点冲刺。速度好的运动员,经常在跟随跑的前提下,在最后一个直道突然加速;而耐力较好的运动员,则多采用更长段距离的冲刺跑。

（五）呼吸技术

中长跑和短跑不同,短跑是无氧运动,整个过程就是一口气完成,而中长跑是有氧运动,需要在跑动的过程中进行有效的呼吸,从而保持动力。呼吸技术在中长跑中是一项非常重要的技术,呼吸技术其实就是指在跑的过程中运动员的呼吸节奏,好的呼吸技术能帮助运动员保持良好的体力,从而更好的发挥出自身能力,以一个稳定的跑速完成比赛,为取得好成绩打下良好的基础。呼吸技术一般是跑两或三步一呼气,跑两或三步一吸气,并且呼吸时要有一定的幅度,特别是在出现疲劳的时候,就更要求运动员进行有效的深呼吸,从而吸取大量的氧气供身体的需要,尽快帮助身体渡过疲劳阶段。

总体来看,中长跑过程中,特别要注意技术动作的放松,跑动重心平稳以及对呼吸和跑步节奏的控制。

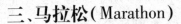

三、马拉松(Marathon)

图 2-27

菲迪皮德斯

　　马拉松是希腊的一个地名,之所以这个项目要以这个地名来命名,是由于历史上著名的马拉松战役。这场战役是希腊为了保卫自己的祖国不被波斯帝国侵略,而进行的一场生死保卫战。尽管希腊与波斯帝国势力相差很大,但是希腊人民却通过顽强的意志和出奇不备的战略赢得了最后的胜利。为了第一时间把这个振奋人心的消息传给后方的人们,传令兵菲迪皮德斯不顾疲劳,一路飞奔跑到雅典广场,当他用最后一口气高喊:"高兴吧,我们胜利了!"之后便永远地倒下了。后来为了纪念马拉松战役和壮烈牺牲的菲迪皮德斯(图 2-27),在第 1 届雅典奥运会上增设了这个项目。而马拉松也是田径项目中唯一的译音项目。

马拉松跑全程距离定为42195米，被称作超长距离跑。这个看起来有点奇怪的数字也是有来历的。1908年伦敦奥运会，大会组委会为了让英王室更好的观看比赛，特意把起跑点设置在温莎尔宫的草坪前，终点在白城运动场。两者之间的距离为26英里，进入运动场后到英王室成员的包厢前的距离为385码，比赛路程为26英里385码，折合为42.195公里。从此这个距离就成了马拉松的正式距离。但是，马拉松都是在公路上进行比赛，到目前为止都没有一个很好的方法来精确测量不同赛段的路程，因此马拉松跑的每次比赛在路程上都有所差异，因而42.195公里其实只是一个名义上的数字。这也使得马拉松成为田径项目中唯一没有世界纪录的原因，只有世界最好成绩和正式奥运会纪录。

马拉松跑的技术与中长跑几乎一样，跑的过程中注意跑步和呼吸的节奏及动作的放松。但由于马拉松跑是在田径场以外的公路上进行，道路就会有平地和上下坡，因而不同的地形，应用不同的跑的技术：

（一）平地跑

一般用全脚掌着地，腿的后蹬和前摆动作与长跑动作基本相同。对于马拉松项目都是在公路上进行，因而地面较硬，在跑动过程中可用脚掌外侧或脚跟先着地，并迅速过渡到前脚掌蹬地。上体应保持正直或稍向前倾，腹部微收，头、颈部自然放松，两眼平视前方，手臂自然前后摆动，幅度较小。

（二）上、下坡跑

上、下坡的路况在马拉松的比赛中是经常碰到的。上坡时，上体应稍向前倾，大腿高抬，用前脚掌着地，步幅稍小，步频加快。而下坡则上体要稍向后仰，用全脚掌或脚跟先着地，跑时腿不要高抬，步幅稍小，以轻快的步伐跑过。

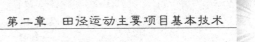

马拉松项目距离非常远,从而对运动员的身体素质,训练水平都有很高的要求。因而,参加马拉松的运动员都必须进行过系统的训练,不然很容易在比赛中出现受伤的现象。没有接受专门训练的人,最好不要尝试参加马拉松项目。

四、跨栏跑(Hurdles)

图 2-28

跨栏跑最开始是17、18世纪英国牧童们越过羊圈,跳进跳出,相互追逐玩耍的游戏。牧童们经常在节日里,举行跳跃羊圈的游戏来比赛谁跳得快,后来他们把栅栏摆放在平地上,设置了若干个高矮和羊圈相仿的障碍。由于最初的栏架是埋在地上的,非常笨重且不易碰到,因而参加者为了安全,避免在跑动过程中摔倒,都是跑到栏架前面停顿一下,跳过栏架后继续向前跑,以这种方式来完成比赛。后来,人们对比赛栏架和比赛规则进行了改进,进而慢慢演变成了今天这个把跑步和跨越相结合的跨栏跑径赛运动(图2-28)。所以,跨栏跑也是产生于英国。

49

跨栏跑分为男子 110 米栏、女子 100 米栏和男、女 400 米栏 4 个项目。这个项目技术含量高,速度快,竞争激烈,具有很强的观赏性。男子跨栏跑在第一届奥运会就被列为正式比赛项目。跨栏跑的技术主要包括起跑至第一栏、过栏、栏间跑和全程跑等。

（一）男子 110 米栏

男子 110 米栏从起跑线到第一个栏的距离是 13.72 米,全程一共有 10 个栏架,每个栏架高 1.067 米,每两个栏架之间的距离为 9.14 米,最后一个栏架到终点的距离是 14.02 米。

根据两个腿在过栏技术动作中的不同作用,分为了摆动腿和起跨腿:积极前伸,先过栏的叫做摆动腿(lead leg)(图 2 - 29);用力蹬地,后过栏的叫做起跨腿(take - off leg)(图 2 - 30)。

图 2 - 29

摆动腿

图 2 - 30

起跨腿

1. 起跑至第一栏(the start and acceleration to the first hurdle)(图 2 - 31)

图 2-31　刘翔 110 米栏跑起跑瞬间

（1）起跑采用蹲踞式起跑。起跑的技术和安放起跑器的方法与 100 米跑相同。

（2）起跑至第一栏分为 8 步或 7 步。采用 8 步过第一栏的运动员，起跑时起跨腿在前面；而采用 7 步过第一栏的运动员，则摆动腿在前面。

（3）起跑后，身体重心抬起要快，在第六步的时候身体姿势就要接近途中跑，这样有助于运动员准备起跨过栏。

（4）起跨腿在起跨前要积极下压，步长要缩短 10～20 厘米，有助于增加蹬地力量，加快起跨速度。

2. 过栏(the clearance of the hurdle)

过栏是指起跨腿踏上起跨点开始，到过栏后摆动腿着地结束，实际就是腾空过栏的过程，整个动作都是在空中完成的。过栏技术是跨栏跑中相当重要的一个技术环节，过栏技术的好坏直接影响跨栏跑的成绩。

51

这个环节的主要技术为:

(1)起跨攻栏:指起跨腿踏上起跨点到蹬地结束(图2-32)。

图2-32

①起跨腿准确地踏上起跨点,蹬地要积极有力,在等离地面的瞬间,起跨腿充分伸直,并且保持身体基本在一条直线上。

②摆动腿积极折叠,小腿在大腿高抬前伸的带动下随动力摆出,脚尖适当勾起。摆动腿摆起高度要超过腰部。

③上体主动前倾,摆动腿异侧手臂积极前伸,另一侧手臂摆到体侧,保持身体平衡。

④110米栏起跨点距离栏架一般为2~2.2米,100米栏离栏1.90~2.10米。起跨腿一定要准确地踏上起跨点。

(2)腾空过栏:指身体随着摆动腿在空中前进的同时,起跨腿完成过栏。(图2-33;图2-34)

图 2 - 33   图 2 - 34

①上体在空中继续前倾,减少躯干和摆动腿之间的角度。

②摆动腿异侧手臂基本与之平行,另一侧手臂也继续后摆,两眼平视前方。摆动腿的脚尖勾起,后跟发力向前伸。

③起跨腿等离地面向前上方腾空的同时,迅速折叠并充分外展,脚尖适当勾起,形成一个"V"形,膝关节高于踝关节,与摆动腿形成一个较大角度的劈叉动作。

(3)下栏着地:指摆动腿过栏后下压着地。

①当摆动腿过栏后,便积极下压,摆动腿以鞭打完成着地后的扒地动作,膝关节保持伸直。(图 2 - 35)

图 2 - 35

②起跨腿随着摆动腿的下压，保持折叠外展动作，以髋关节发力带动大腿和膝关节，快速向胸前提拉，并保持提拉到身体的正前方，高抬大腿积极跑出第一步。（图2－36）

图2－36

③上体随着摆动腿的下压而抬起，但保持跑进时的前倾，摆动腿同侧手臂从后向前自然摆动，异侧手臂由前上方向后下方弧形摆动，维持身体平衡，自然摆动；而起跨腿积极高抬折叠前摆转入栏间跑。（图2－37）

图2－37

3. 栏间跑

栏间跑是指过栏后摆动腿着地到起跨腿踏上下一个栏起跨点这个过程中的技术动作。栏间跑一般用三步完成,期间重心起伏要小,向前性和跑动的直线性及节奏要稳定。

(1)第一步,借助摆动腿蹬地的力量,起跨腿在提拉到身前时积极下压,是三步中步长最短的一步,步长过大,容易丧失向前跑的速度。

(2)第二步,是三步中步长最长的一步,技术动作与短跑基本相同。双臂和双腿配合积极摆动,保持良好的向前跑进的动力。

(3)第三步,是起跨腿踏上下一个起跨点起跨攻栏的一步。因而其技术动作就是起跨攻栏的技术动作。

4. 全程跑

全程跑是将跨栏与栏间跑技术紧密结合,并保持好的动作节奏,完成整个过程的跑动技术。全程跑的第一个栏十分重要,其好坏直接关系到整个过程的速度和节奏。前三个栏是加速过程;第四个到第六个栏是速度最快的阶段;而第七到第十个栏则是最后阶段,这个时候由于体力下降,要注意保持好技术动作和节奏;最后的终点冲刺,则和短跑终点跑技术动作相同。

(二)女子 100 米栏

女子 100 米栏从起跑线到第一个栏的距离是 13 米,一般也是用 7 步或是 8 步来完成,全程 10 个栏架,每个栏架高 0.84 米,栏间距 8.5 米。技术动作和男子 110 米栏基本相同。由于女子 100 米栏的栏高更低,栏间距更近,就要求运动员过栏是摆动腿下压,起跨腿提拉的动作更快,重心起伏更小,保持非常好的跑进速度。优秀的女子 100 米栏选手的成绩与其个人 100 米跑成绩十分接近。

（三）400 米栏

男、女 400 米栏除了栏高不同外,其他都是相同的。男子 400 米栏栏高 0.914 米,女子 400 米栏栏高 0.762 米。起跑至第一个栏架的距离是 45 米,男子一般跑 21 或 22 步,女子一般跑 23 或 24 步;栏间距均为 35 米,男子一般跑 13 ~ 15 步,女子一般跑 15 ~ 17 步。其基本技术基本与 110 米栏和 100 米栏相同,以下将侧重介绍其技术的不同之处。

1. 弯道过栏技术

400 米栏有 5 个栏是在弯道上,与直道上的过栏技术动作略有不同,在弯道上过栏会受到离心力的作用,腾空后有使身体向外偏出的感觉,技术动作为:

（1）400 米起跑后,重心抬起不要过快,而是应该沿切线进行加速跑,提高跑动速度,然后过渡到弯道跑技术。

（2）弯道上过栏最好选用右脚为起跨腿,即外侧腿作为起跨腿,有助于起跨腿提拉的时候产生向内的向心力,与离心力平衡。起跨腿过栏后第一步的着地点稍偏向身体的左边,而不是像直道上落到身体的正前方。

2. 栏间跑技术

400 米栏跑一般有相同节奏和混合节奏两种跑动节奏,混合节奏是指前半程、后半程或不同段落采用不同步数的栏间跑节奏。对于高水平运动员,则都是采用相同节奏。

好的栏间跑技术应为跑速均匀、节奏准确、动作轻松、向前跑的效果好。栏间跑步数和节奏的建立都是因人而异的,不要盲目模仿,也不要在临场比赛时任意改变。

3. 全程跑技术

（1）400 米栏栏高较低,运动中,身体重心起伏要小,并且过栏中的各项技术动作幅度都要小于 110 米栏,不用太过用力。

（2）要尽量保持一个良好的节奏,技术动作放松。由于体力下降,步长减短,在后半程的时候出现调整步伐的现象,这个时候一定不要紧张,在尽量保持节奏的情况下,自然进行调整。

总之,无论是直道上进行的 110 米栏和 100 米栏跑,还是距离较长,有弯道的 400 米栏跑,过栏技术和栏间跑技术的结合以及整个过程中稳定的跑进节奏都是十分重要的,当然突出的平跑能力也是优秀跨栏选手不可或缺的重要能力和获胜的重要因素。

五、障碍跑(Steeplechase)

障碍跑是中长跑距离跑与跨越障碍相结合的田径运动项目。据说这个项目是来源于猎狐,但具体源于何时何地则无从考证。3000 米障碍跑在第 2 届奥运会时便已被列入比赛项目,它要求运动员在比赛过程中须越过 28 次障碍架和 7 次水池。女子 3000 米障碍跑在 2008 年北京奥运会列入田径比赛项目,从而结束了男子选手在这个项目上的专属性。既然有障碍架和水池,故而障碍跑的技术除了一般中长跑中的跑动技术外,还主要分为跨越障碍架的技术和过水池技术两部分。

（一）跨越障碍架（clearing the barriers）

图 2 - 38

　　障碍跑过程的男子障碍架高度为 91.4 厘米,女子障碍架高度为 76.2 厘米,分别与男子 400 米栏和女子 400 米栏栏高一样,但是障碍架是稳定在跑道上的,不会因碰撞而向前倒,并且障碍架横木顶面有 12.7 厘米宽,从而出现了两种过障碍架的方法:跨栏法和踏上跳下法。跨栏法与 400 米栏的技术基本相同,只是由于障碍跑中运动员跑的速度较慢,因而障碍跑的起跨点要更近,大概是 1.40 ~ 1.80 米。并且两个障碍架之间的距离较远,运动员无需固定步数,根据实际情况调整步伐即可。

　　以下我们将重点介绍踏上跳下法。踏上跳下法是常用的过障碍架的方法:

　　（1）起跨腿踏上起跨点,摆动腿借助后蹬力屈膝前摆,双臂上摆帮助提高重心。

　　（2）起跨腿随着屈膝离地,向摆动腿靠拢,身体形成团身姿势。

　　（3）摆动腿随着向前的惯性,用前脚掌踏上横木,上体前倾,起跨腿

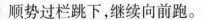

顺势过栏跳下,继续向前跑。

　　注意在障碍架上支撑的腿,在离开障碍架时不要用力蹬障碍架。这样可以缩短腾空时间并节省体力消耗。在实际比赛中,运动员都交替采用以上两种过栏方法,前半程体力充沛采用跨栏法,后半程体力下降改用踏上跳下法。并且在步点、节奏顺利的情况下用跨栏法,而当步点不准、竞争激烈,多名运动员同时或连续过障碍时,多采用踏上跳下法。

　　(二)过水池(clearing the water)(图2-39)

　　水池是障碍跑中最困难、体力消耗最大的障碍。水池的前沿有一障碍架,运动员要先踏上障碍架,再从障碍架上跳过水池。经过研究表明,在跨越水池时,蹬障碍架的力量不能太大,这样尽管可以帮助运动员减少在水中的距离,但着地的反作用力过大,很容易造成运动员停顿而不利于跑动的连续性。现在的运动员在跨越水池时,都有意控制落地的距离,从而保持一个好的连贯性的跑进效果。其动作方法为:

图2-39

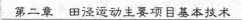

（1）在距离水池15～20米的时候，开始稍微加快跑速，并调整步伐。

（2）跨上障碍架的技术方法与踏上跳下法的前两个步骤相同。

（3）当上体随惯性移过障碍架时，支撑腿用力后蹬，起跨腿向前摆动，形成一个跨步姿势。

（4）蹬离障碍架的腿在前脚着地后，顺势前摆，继续向前跑。

这个项目和短距离的跨栏跑对技术要求很高不同，由于它是长距离的项目，从而跑的能力比过障碍相对更加重要。很多优秀的障碍跑运动员其技术并不出色，甚至可以说比较差，但他们出色的跑步能力能很好的弥补这一切，依然取得十分骄人的成绩。

六、竞走(Racewalking)(图2-40)

图2-40

竞走运动发源于英国，是一项古老而有趣的项目。竞走既不是跑步，也不同于一般的走路，它是在普通走路的基础上发展起来的，适合于不同年龄、性别的人群参与，并且不受场地、器材和时间的限制。竞走运动对发展腿部力量，增强心血管和呼吸系统的功能有很好的作用。

1908 年第 4 届伦敦奥运会把竞走运动列入正式比赛项目,包括男、女 20 公里竞走和男子 50 公里竞走 3 个项目。国际田联队竞走技术定义——竞走是运动员与地面保持接触、连续向前迈进的过程,没有(人眼)可见的腾空,前腿从触地瞬间至垂直部位应该伸直(即膝关节不得弯曲)。

由于竞走是单腿支撑与双腿支撑交替进行的周期性运动,我们把技术方法分为支撑腿技术、摆动腿技术、头和躯干技术以及摆臂技术 4 个部分(图 2–41):

图 2–41　世界优秀运动员竞走比赛中技术动作

(一)支撑腿(the support leg)技术

支撑腿从脚跟滚动着地开始,身体重心随着迅速前移,当身体重心通过支撑腿时,支撑腿快速有力的蹬地到脚尖而蹬离地面,充分伸髋、伸踝、伸趾和送髋。在这一过程中膝关节保持伸直,不能屈。当支撑腿的脚尖蹬离地面便变为了下一个阶段的摆动腿。

(二)摆动腿(the swing leg)技术

摆动腿技术是从支撑腿蹬离地面开始的,后蹬结束,支撑腿便变成了摆动腿。这个时候,摆动腿迅速前摆,膝关节自然放松,当移动过支撑腿时,小腿在大腿的带动下前摆,迅速打开膝关节,在脚掌即将着地时膝关节要伸直。摆动腿着地时以脚跟先着地,一旦脚跟着地便变为了支撑腿。

(三)头和躯干技术

竞走过程中,头和躯干都保持正直,两眼平视前方,颈部放松。加速时,身体稍向前倾。

(四)摆臂技术

双臂屈肘,半握拳,以肩为轴,自然有力的前后摆动。其主要是为了维持身体的平衡。呼吸节奏对竞走项目的影响十分重要,呼吸的节奏需要与腿、臂的摆动节奏相配合,自然而有深度。呼吸方法是用鼻和半张开的口进行的。

七、接力跑(Relays)

图 2-42 4×100 米接力　　　　图 2-43 4×400 米接力

接力跑是田径赛中的集体项目,具有很强的竞争性和很高的观赏性,是观众喜欢的田径赛项目之一。奥运会中的接力跑包括男、女 4×100 米接力跑和男、女 4×400 米接力跑。(图 2-42;图 2-43)

(一)4×100 米接力跑

4×100 米接力跑是 4 名队员通过交接棒,每人跑 100 米而共同完成

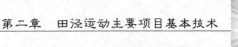

400 米的项目,它需要运动员在高速行进中完成一系列的交接棒技术。由于 4×100 米接力跑距离短,因此每个技术环节对成绩的好坏都有直接的影响。一般情况下,第一、三棒的队员用右手握棒,第二、四棒队员用左手握棒。

1. 起跑:分为持棒起跑和接棒人起跑两种。

(1)持棒起跑:针对第一棒的运动员使用的技术

第一棒运动员采用蹲踞式起跑。运动员一般右手握棒,用中指、无名指和小指握住帮的末端,用拇指和食指分开撑地。(图 2-44;图 2-45)

图 2-44

图 2-45

接力棒的前端要翘起,不能触及起跑线及以前的地面,而末端则可以触及帮助拇指和食指支撑。身体其他姿势与短跑蹲踞式起跑相同。(图 2-46;图 2-47)

63

图 2－46　　　　　　　　　　　　　图 2－47

（2）接棒人起跑：采用站立式（图 2－48）或是半蹲式（图 2－49）

图 2－48　站立式　　　　　　　　　图 2－49　半蹲式

　　站立式和中长跑的起跑技术相同。而半蹲式则是在站立式起跑的基础上，双膝弯曲的角度更大，身体向前倾斜的幅度更明显，重心主要落到前脚上，头稍向后转，目光要看清起跑标志。身体起跑方式的选择主

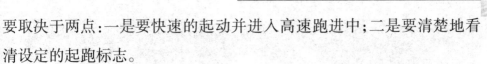

要取决于两点：一是要快速的起动并进入高速跑进中；二是要清楚地看清设定的起跑标志。

2. 传接棒方法：主要有下压式和上挑式

（1）下压式：接棒人手臂向后伸直，掌心向上，虎口向后，四指合拢与拇指分开；交棒人利用手腕下压，把接力棒的前端从上往下"压"送到接棒人手中。（图2－50；图2－51）

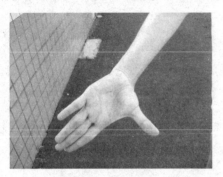

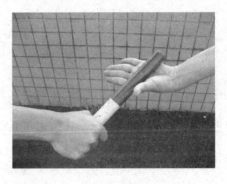

图2－50

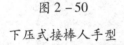

下压式接棒人手型

图2－51

交棒人手腕主动下压

此方法不易掉棒，能保证接棒人都是握住的接力棒的一端，而不用调整握棒位置，可以接棒便快跑。但是，接棒人在接棒时，手臂相对更加紧张。

（2）上挑式：接棒人手臂自然后摆，掌心向后，虎口向下，四指和拇指与下压式一样。交棒人利用手腕把接力跑由下往上送到接棒人手中。（图2－52；图2－53）

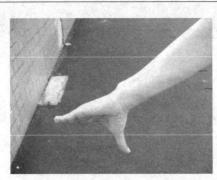

图 2－52

上挑式接棒人手型

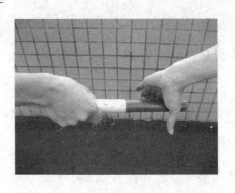

图 2－53

交棒人手腕主动上挑

　　此方法接棒人的动作技术比较自然,容易掌握,但接棒人一般都需要调整握棒的位置,从而影响跑进速度。还有就是相对而言更容易掉棒。

图 2－54

　　上挑式接棒人接棒后握棒位置如上图,这样接棒人在接棒后,必须在跑动过程中调整握棒位置,便于进行下一次交接棒,而在跑动过程中

进行调整握棒位置就往往容易出现掉棒现象。（图 2 - 54）

3. 接力跑中的站位

第一、三棒是弯道,运动员要贴近内道跑,并且右手握棒;第二、四棒运动员跑直道,用左手进行交接棒,从而他们应该站在跑道靠外侧,这样可以在交接棒完成后,留给了第一、三棒运动员缓冲的空间;同理,第三棒的运动员就应站在靠跑道内侧,把外侧留给第二棒的运动员。

4. 交接棒

交接棒必须在 20 米的接力区内完成。当两名运动员的速度都在最高速,并且之间的交接距离刚好是两人交接时手臂伸直的最大距离时,是最佳时机。交接棒时,一般是交棒的队员看准时机,给出接棒的队员口令,接棒人听到口令后伸手,交棒队员把接力棒递送到接棒人手中,接棒队员不看棒而握棒继续跑。

这个过程在接力跑中叫做不看棒的传、接棒法。

5. 接棒人起跑标志的确定

在 4×100 米接力比赛开始前,我们都会看到第二、三和四接力队员都会在接力区向后丈量一定的距离,做上标记。这个标记就是接棒的队员看到交棒队员跑到时作为起跑的信号。而这个标记的确定需要取决于传接双方的跑速以及传接棒技术的熟练程度等因素。方法有很多,我们下面介绍一种比较简单易行的:

标记距离 $= V \times T - (D - D1)$

V:传棒人最后 30 米的平均速度

T:接棒人从起跑至接棒点所跑的距离

D:接棒人从起跑至接棒点所跑距离

D1:获益距离,一般设计为 1.5 米

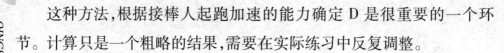

这种方法,根据接棒人起跑加速的能力确定 D 是很重要的一个环节。计算只是一个粗略的结果,需要在实际练习中反复调整。

6. 运动员的安排

第一棒:起跑快,善于弯道跑。

第二棒:第二棒是距离相对较长,专项耐力好,交接棒技术好。

第三棒:在具备第二棒的实力外,要善于弯道跑。

第四棒:冲刺能力强,专项成绩最好的。

(二)4×400 米接力跑

4×400 米接力跑是 4 名运动员每人跑 400 米的项目。虽然同样是接力跑,但因为距离较长,交接棒的时候会出现运动员体力下降,速度较慢的状况,所以在交接棒的技术上存在着一定的差异。

1. 第一棒起跑和 4×100 米接力跑起跑相同,并进行分道比赛。

2. 第二棒开始采用站立式,在交接区后沿等待交棒队员,主动去接棒。第二棒运动员的第一个一百米是分道跑,过了第一个弯道后,在标志的指引下进行切入内道,从此时开始所有运动员开始不分道跑。

3. 第三棒和第四棒交接棒时,是在裁判的安排下进行站位起跑。交接棒的方法与第二棒相同,都主动去接棒。

4. 运动员交接棒必须在交界区内完成。没有进交界区或是跑出了交界区,都算犯规,将取消成绩。

第三章

径赛项目快乐速成途径

　　径赛项目主要都是以跑步为主,长时间的跑步会让人感觉枯燥乏味。所以对青少年来说,有趣的练习方法能让他们在快乐中练习,在不知不觉中进入径赛项目中,并在趣味中得到相应的专项身体素质训练。

第一节　练习跑步能力的小游戏

一、报号跑

1. 场地

在平坦的场地上,按游戏的组数,在距离起跑线25米的地方安放相应数量的障碍物或是画上记号,每个障碍物或是记号相隔3米。(图3－1)

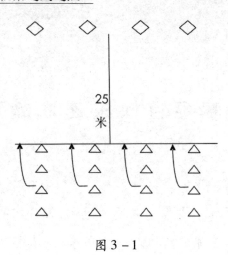

图 3 - 1

2. 方法

把参与者分成人数相等的小组(最好不超过 4 个组),每组一路纵队,按顺序报数,每人记住自己的号数,前后同学之间保持 2 米的间隔距离。

游戏开始,教师报号,各组的对应号码的同学立即跑出来,绕过障碍物或是标记再跑回到自己原来的位置。按照完成的先后顺利进行计分,看哪组得分最多。

3. 注意:

(1) 当队伍中的组员跑出后,前后的同学不能移动位置。

(2) 始终保持各组人与人的距离要相等。

二、看字追击

1. 场地

篮球场地,在中线画两个相距 1 米的小圆圈,图内各放信封一个,信封内各有一块小纸板:一块写"追击",一块写"撤退"。

2．方法

把人数分成相等的两队（每队 10 人左右为宜），分别排列在两端线外，每队选一人看信兼指挥。

游戏开始，每队的人都向中线推进，看信的人走到小圆圈边，听到教师的口令"开始"，两队看信人迅速取出信封内的小纸板，见字指挥本队行动。追击队的队员一直追到另一方的端线止。

3．获胜方法：

在追拍的范围内被拍到的人应站立在被拍的位置上，让教师统计好被拍的人数。多做几次，最后总计以被拍少的队获胜。或是每次被拍的同学就被淘汰，看最后哪边留下的人数多为胜。

4．注意

（1）追拍者不可报复人或重力拍人。

（2）纸板由教师任意调换。

三、跑四角

1．场地

篮球场

2．方法

先指定两人为"追逐者"，然后将参加游戏的人分为 4 组，分别站到四个角内。游戏开始，每一个角内的人都可以向其他角内跑去，若途中被追逐者拍打着，则同追逐者对调。每个角只能保持 3 个人。

3．规则

被拍到的人罚做五个俯卧撑。（图 3 - 2）

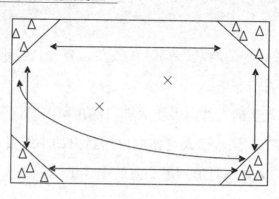

图 3－2

四、拉网捕鱼

第一种方法:

1. 场地

篮球场或是排球场一块,或者是在平坦的场地上规定一定区域。

2. 方法

将学生人数分为相等的两队,一队分散在场内各处,即"游鱼",一队拉手为"网",围捕"游鱼"。限定时间,统计捕捉人数,两队交换继续进行,最后以捕鱼多的队为胜。

3. 注意

(1)鱼的身体任何部分被网触及,都作被捕的鱼,应立即退出游戏场地。

(2)围捕中,鱼网脱手,可重新结好。

(3)破网(脱手)围捕无效。

4. 鱼跑出规定界线,作被捕的鱼。

第二种方法:

1. 场地

篮球场或是排球场一块,或者是在平坦的场地上规定一定区域。

2. 方法

指定一个同学做渔网,其他同学分散在区域内。开始后,被捉到的同学自动与做渔网的同学手拉手,组成更大的渔网,继续捕鱼。依此类推,直到捕获最后一只鱼。

3. 注意事项

同第一种方法。

五、找替身

1. 场地

平坦的场地即可,参与者在场地上站成一个圆圈,圈的大小以人数多少来定。

2. 方法

先确定一人为"追者",一人为"逃者"。其余的人沿圆弧面向圆心站。鸣哨开始,追者在圆圈外绕圈追逐逃者。若追者拍中逃者,则追者变为逃者,游戏继续进行。在追拍中,逃者可在任何一个人的背上拍一下找替身,并立即站在"替身"的位置,替身应迅速绕开逃跑,成为逃者。

3. 注意

(1)追者、逃者一概不许进入圈内。

(2)圈上的游戏者不可阻挡逃者或追者。

(3)逃者不可逃离到圆弧 4 米以外的地方。

六、贴膏药

1. 场地

平坦的场地即可,参与者在场地上站成一个圆圈,圈的大小以人数多少来定。划定一个追逐的区域。

2. 方法

先确定一人为"追者",一人为"逃者"。其余的人两人一组,前后站,沿圆弧面向圆心。鸣哨开始,追者在和逃者可以在划定的区域内进行追逐。若追者拍中逃者,则追者变为逃者,游戏继续进行。在追拍中,逃者可跑到任何一组的前面站定,那么这个组的最后那个同学就马上变成逃者,而刚才的那名逃者就安全了。

3. 注意

(1)逃者不能跑出划定区域,否则自动变为追者。

(2)逃者可以直接从自己所在组的后面贴到前面。

七、攻城

1. 场地

篮球场或排球场均可,在球场两端线的中点各放一把小红旗,并以小红旗为中心,画出 2 米见方的区域。

2. 方法

把参加者分成人数相等的 2 组(每组 8～10 人为宜),分布在两半场内,各组派 1～3 人站在区域外护旗。游戏开始,双方人员都可以跑到对方半场上,想法躲开护旗人夺取红旗。

3. 注意

(1)夺旗时如被护旗人拍到,应立即退出场。

(2)护旗人不可进入本方小红旗区域内拦阻对方。

(3)双方的人都不可跑出界外,出界者停止这轮游戏。

（4）进入对方的区域内而不被护旗人拍着,就算夺旗成功。

八、救伙伴

1. 场地：

以篮球场中圈作为为"俘虏营"。

2. 方法：

指定游戏人数的 1/5 至 2/5 作为"追逐者",其余是"被追逐者"。游戏开始后,追逐者把抓到的被追逐者送入"俘虏营",没有被抓到的被追逐者,可以设法避开追逐者去营救"俘虏营"里的伙伴(以拍"俘虏营"里伙伴的手为营救成功)。游戏按被追逐者全部抓完为结束。

3. 注意

（1）追逐者用手拍到被追逐者身体的任何部分就算成功。

（2）被俘的人不得自行离开营地。

（3）游戏须在指定的范围进行,被追逐者越出界线外作俘虏算。

（4）场地的设置可以根据人数的多少自己划定。

第二节　基本身体素质练习和径赛专项练习

一、基本身体素质练习

田径运动,之所以被称为"运动之母",是因为其他运动的基本身体素质练习方法几乎都是来源于田径运动的练习方法,换句话说,田径运动能为其他运动提供运动员所必需的身体素质训练。下面我们将针对青少年的身体状况介绍一些基本身体素质练习方法：

1. 悬垂举腿

方法：练习者双手反握在勒木上，身体自然下垂，背紧靠于勒木。

要求：练习者直膝抬腿，根据自身情况，尽量往上抬；练习者屈膝收腿，尽量用膝关节靠近胸部。

2. 仰卧起坐

方法：两人一组，练习者屈膝仰卧，屈膝角度约90°，双手抱住后脑勺，另一人压住练习者的踝关节，起到固定作用。

图3－3

要求：练习者上体起来时与地面成30°夹角即可（图3－3）；

图 3 - 4

练习者上体完全坐起,双手肘关节碰膝关节(图3 - 4);

图 3 - 5

图 3 - 6

练习者上体完全坐起,异侧肘关节碰异侧膝关节(图3 - 5;图3 - 6)。

3. 两头翘

方法:练习者平躺于垫子上,手臂伸直贴紧耳朵(图3 - 7;图3 - 8)。

图 3－7　　　　　　　　　　　　　　　　图 3－8

要求：以髋关节为轴，双腿直膝抬起，蹦脚尖，同时上体也抬起，双手尽量摸脚尖。练习者在下放双腿和身体时尽量做到慢放。

4. 举腿抗阻练习

方法：练习者平躺于垫子上，协助者站与练习者头的一侧，练习者双手握稳协助者的双腿（图 3－9；图 3－10）。

图 3－9　　　　　　　　　　　　　　　　图 3－10

要求：练习者双腿合拢，直膝抬腿，尽量靠近协助者，当练习者双腿靠近协助者时，协助者双手用力推练习者双腿。练习者在下放双腿的过程中尽量慢放。

5. 举腿画圈练习

方法：练习者平躺于垫子上，协助者站与练习者头的一侧，练习者双手握稳协助者的双腿。（图3－11～图3－15）

图 3－11

图 3－12

图 3－13

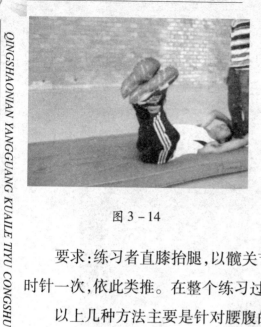

图 3-14　　　　　　　　　　　　图 3-15

要求:练习者直膝抬腿,以髋关节为轴,在空中画圈,顺时针一次,逆时针一次,依此类推。在整个练习过程中,双腿都不能挨垫子。

以上几种方法主要是针对腰腹的练习。

6. 俯卧撑

方法:练习者俯撑于地面,双臂之间的距离同肩宽,身体在下压过程中,双臂弯曲到肘关节成90°时,再撑直手臂。

7. 手推车

方法:两人一组,一人俯撑,另一人抬起俯撑的人的双腿,抬腿的人随着俯撑的人用双手向前走动而向前推进。

要求:在平地上进行时,要求练习者用手走完一定的距离(图 3-16)。

图 3 – 16

在台阶上进行时,要求练习者用手攀上一定的台阶数(图3 – 17)。

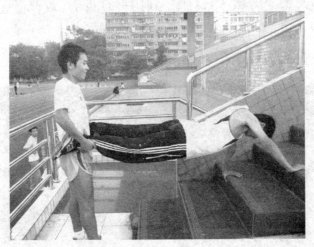

图 3 – 17

也可在静止状态下进行俯卧撑的练习(图3 – 18)。

青少年阳光快乐体育丛书　QINGSHAONIAN YANGGUANG KUAILE TIYU CONGSHU

图 3 - 18

8. 双臂屈伸

方法:练习者双臂撑于双杠上,利用自身重力,双臂做屈伸运动。

要求:练习者根据自身能力双臂尽量弯曲。

9. 杠铃片卧推

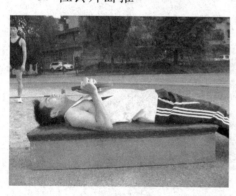

图 3 - 19

图 3 - 20

方法:练习者根据自身能力,选择重量适宜的杠铃片。练习者平卧,双手持杠铃片与胸前,按要求把杠铃片推起放下,完成一定的数量(图 3

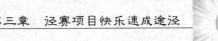

－19；图3－20）。以上几种方法主要针对手臂力量的练习。

10. 障碍跳

方法一：把十个栏架按不同高度随意排成一路，每个栏架之间相隔1米。要求：练习者可以在跳跃障碍时停顿，进行距离的调整。随着能力的提高，就要求练习者不能停顿，一次性连续跳完十个栏架。

方法二：把十个栏架一高一低交替摆放，一高一低的栏架相隔1.5米。要求：让练习跳跃低的栏架，然后穿越高的栏架，再跳跃低的栏架，依此类推，完成十个栏架。

11. 折线跳

方法：以一条直线为中心轴，用小泡沫在直线两边进行随意的摆放，但两个小泡沫之间的距离不宜太远。练习者用双脚跳的方法，跳过每一个小泡沫。

要求：最初练习的时候，可以允许练习者没跳跃过一个泡沫后原地调整下一个起跳的方向。到了后期，在把两个相邻的泡沫距离适当缩短的基础上，要求练习者在跳跃过一个泡沫后不能调整起跳方向，迫使练习者要在空中进行转体，从而让练习者在练习弹跳的同时还锻炼了协调能力，一举两得。

12. 台阶跳

方法：选择适当高度的台阶，让练习者根据要求进行跳跃练习。

要求：双脚跳，双脚同时跳上跳下台阶，手臂自然前后摆动（图3－21～图3－23）。

青少年阳光快乐体育丛书

QINGSHAONIAN YANGGUANG KUAILE TIYU CONGSHU

图 3 - 21　　　　　　　图 3 - 22　　　　　　　图 3 - 23

分腿跳,双腿交替蹬地跳跃,并在空中换腿(图 3 - 24 ~ 图 3 - 26)。

图 3 - 24　　　　　　　图 3 - 25　　　　　　　图 3 - 26

13. 收腹跳

方法:练习者跳起后,屈膝收腹,双臂自然前后摆动(图 3 - 27;图 3 - 28)。

图 3 - 27　　　　　　　　　　图 3 - 28

要求:练习者尽量膝关节贴近胸部。

14. 直膝跳

方法:练习者跳的过程中,膝关节伸直,主要利用踝关节力量进行跳跃练习,双臂自然前后摆动(图 3 - 29 ~ 图 3 - 31)。

图 3 - 29　　　　　　　　　　图 3 - 30

图 3 – 31

15. 杠铃练习

（1）方法：选择重量适当的杠铃，进行半蹲提踵练习（图 3 – 32 ～ 图 3 – 34）。

图 3 – 32　　　　　　　图 3 – 33　　　　　　　图 3 – 34

要求:在完成过程中,速度要快,特别是提踵瞬间要爆发性用力,其目的就在于练习腿部爆发力。

(2)方法:选择重量适当的杠铃,进行深蹲练习(图 3 – 35;图 3 – 36)。

图 3 – 35   图 3 – 36

以上几种方法主要针对腿部力量和跳跃能力的练习。

二、径赛专项技术练习

摆臂练习(图 3 – 37):

摆臂在跑的技术中不可或缺的,一般针对摆臂的专项练习就是手握哑铃进行原地摆臂练习。

QINGSHAONIAN YANGGUANG KUAILE TIYU CONGSHU

青少年阳光快乐体育丛书

图 3 - 37

摆臂技术特点:双臂自然屈肘,前后自然摆动,一般情况下,前臂摆动不超过鼻子的高度,后摆适度即可。

针对起跑的练习:

以下的练习主要是针对短跑中的起跑阶段。要提醒练习者,身体前倾,双臂前后摆动的幅度要小而快,双腿步幅要小,步频要高,5×30 米迎面接力赛把人数分为 5 人一组,每人跑 30 米的迎面接力赛,比赛哪个组最先完成。适用于人数较多的时候,这个练习其趣味性和竞争性很强。

2.100 米变速跑

30 米加速跑,20 米在惯性的作用下,放松大步跑;再 30 米加速跑,20 米放松大步跑。这个练习适用于人数不多的情况。

3. 听口令起跑练习

（1）两人一组,在原地做高抬腿。听到哨音后,迅速跑出至20米的地方。

（2）两人一组,背对起跑方向,在原地做高抬腿。听到哨音后,迅速转身跑出至20米的地方。

（3）两人一组,面向起跑方向,在发令员的节奏下做5个俯卧撑,然后迅速蹬地跑出至20米的地方。

（4）两人一组,面向起跑方向,俯撑于地面,两腿快速交替做收腿后蹬动作,听到哨音后,迅速蹬地跑出至20米的地方。

前两种练习主要是结合反应来进行练习;而后两种练习则更加接近于真实的短跑蹲踞式起跑的完成技术练习,只需要加上起跑器,便是短跑起跑练习了。

(二)针对短跑中途中跑的练习

1. 追逐跑

（1）两人或更多人排成一路纵队,每相邻两人之间在起跑时相隔一定距离,听到哨音后,同时起跑,后面追前面的,完成80米的距离。

（2）两人或更多人排成一路纵队,一声口哨出发一人,依此类推,后起跑的追前面的人,跑完80米的距离。

2.绝对速度的练习

这个练习既可以提高途中跑的技术,还对专项的速度耐力具有很好的培养作用。具体方法如下:

(1)测时跑30~60米,3~4次X2~3组。

(2)短距离接力跑2人X50米或4人X50米,3~4次X2~3组。

(3)让距离追赶跑60~100米,3~5次X3组。

(4)短距离组合跑(20米+40米+60米+80米+100米)X2~3

组,或(30 米 + 60 米 + 100 米 + 60 米 + 30 米)X2～3 组。

（5）顺风跑或下坡跑 30～60 米,3～4 次 X2～3 组。

（6）短距离变速跑 100～150 米(30 米快跑 + 20 米惯性跑 + 30 米快跑 + 20 米惯性跑),3 次 X2～3 组。

（7）胶带牵引跑(30～60 米,4～5 次 X2～3 组。

（8）反复跑 30～60 米,4～5 次 X2～3 组。

3. 弯道踩线跑

这个练习主要针对 200 米和 400 米跑的练习。要求练习者在保持弯道跑技术动作的基础上,踩到弯道上的分道线进行快速跑进,充分领会弯道跑技术。

4. 短跑项目的力量练习

短跑的力量训练要根据短跑不同阶段,肌肉用力的特点来进行练习。短跑起跑加速阶段主要取决最大的肌肉力量和爆发力,以迅速改变静止状态的惯性,获得加速跑的速度;途中跑阶段主要取决于爆发力素质,这一阶段中,运动员获得全程跑的最高跑速;终点冲刺阶段,主要取决于肌肉的力量耐力是否能够保持更长距离的高速度跑是否能够降低下降速度。

针对肌肉不同发力特点,练习方法一般如下:

（1）增加肌肉的最大力量,主要通过负重练习和抗阻力练习,一般以递增负荷重量的方法实现。

练习方法:开始采用最大负荷量的 70%～80% 练习,然后逐渐增加到 100% 的重量。完成 5～7 组,每组 4～5 次。

（2）提高爆发力,主要采用负重练习、抗阻力练习和跳跃练习。

练习方法:负重量为最大负荷量的 60%～75%,完成 5～7 组,每组

10 次左右;要求完成时,动作速度要快。

采用跳跃练习时,选择距离在 60～100 米负重或不负重的快速跳跃练习。

(3)发展力量耐力,可采用负重量轻的、跳跃距离长的练习。

练习方法:负重量约为最大负荷量的 40%～50%,要求强度小,重复次数在 10～20 次以上。

跳跃练习可选择 100～200 米距离的负重或不负重练习。

(4)负重和抗阻训练的主要练习如下:

①负杠铃练习(全蹲、半蹲、1/3 蹲):最大负荷量 70%～80% 开始,逐渐增大到 100%。完成 5～7 组,每组 4～5 次。

②负重弓步走:最大负重量 40%,弓步走距离 40～60 米,完成 5～7 组。

③负重半蹲:最大负荷量 70%～80%,完成 5～7 组,每组 5～7 次。

④负重弓步交换腿跳:最大负荷量的 50%,完成 5～7 组,每组 20～30 次。

⑤负重高抬腿跑:最大负荷量的 20%～30%,完成 5～7 组,每组 40～60 次。

⑥哑铃跳:重量 15～25 千克,完成 5～7 组,每组 10～20 次。

⑦负重直腿跳:最大负荷量的 20%～30%,完成 5～7 组,每组 40～50 米。

⑧拖重物跑或拖重物跳:重量 5～10 千克,完成 5～6 组,距离为 30 米、60 米、100 米。

⑨卧举、挺举、抓举及持器械摆臂等练习。

⑩胶带牵引发展腰后肌群、小腿肌群、髂腰肌等力量练习,完成 5～

6 组。跳跃力量训练在短跑力量训练中占有很大的比重。

（5）跳跃练习分为两类：一类为垂直方向跳跃,另一类是水平方向跳跃。用最大力量完成垂直方向跳跃和短距离跳跃练习;用 80% ~ 90% 的力量完成长距离跳跃练习。垂直方向跳跃和短距离跳跃,能迅速提高起动速度、加速跑能力和爆发力素质。长距离跳跃能提高力量耐力和速度耐力。

①垂直方向跳跃练习：原地纵跳、原地团身跳、原地分腿跳、原地单足跳、跳深、跳栏架等。

②水平方向跳跃练习按距离分为短距离跳跃和长距离跳跃。

短距离跳跃：立定跳远、立定 3 级 ~ 10 级跳远、立定 10 级 ~ 20 级蛙跳,4 ~ 6 步助跑三级跳,台阶跳跃、30 ~ 60 米单足跳、60 米计时跳。

长距离跳跃：100 ~ 300 米跨步跳、跑与跳的结合（50 米跑 + 100 米跨跳、60 米单足跳 + 30 米加速跑）。

（三）针对中长跑的练习

1. 蛇形跑

在人数较多的情况,所有练习者一路纵队,前后两人之间间隔 1.5 ~ 2 米的距离,以适当的速度绕圈跑进。队尾的人加速依次绕过自己前面所有的人跑到队伍的前面减速,保持队伍的速度,下一个队尾的人以相同的形式跑到队伍前面,或是队尾的人直接加速从队伍右侧跑到队伍前面。依此类推,完成跑的圈数。这个方法主要针对在场地内,帮助消除练习者在跑动过程中产生的枯燥感觉。

2. 折返跑

在直道 50 米的距离内,每 10 米做一个标记。练习者从起跑点开始,跑到第一个标记处折返跑回起跑点,再跑到第二个标记处折返跑回起跑点,依此类推,折返跑完所有的标记点为一组。根据实际情况制定组数。

3. 团队跑

两人或三人或四人一组,最多不超多四人。按组员自己商量的顺序,用一条绳把组员从前到后系在腰间。然后共同完成较长的距离,比哪组最先完成。这个方法利用团队精神来到达锻炼目的。

4. 越野跑

越野跑是一个提高耐力非常有效的方法。越野跑不仅由于地形的不同,有上坡、下坡,对练习者的跑动能力具有很好的锻炼效果,而且它沿途不断变化的环境能让跑步者精神不易发生疲劳,从而到达更好的耐力锻炼效果。

5. 间歇跑

对中长跑练习来说,是一个练习速度耐力很好的方法,根据不同的练习目的可以进行不同距离的组合:

(1) 100 米 + 200 米 + 400 米 + 200 米 + 100 米(不同距离之间进行 100 米的休息)

(2) 300 米 + 500 米(不同距离之间休息 1 分钟,完成两组,组间休息 3 分钟)

6. 中长跑项目的力量练习

(1)最大力量练习:最大力量的练习是每个项目的基础,对于中长跑运动员来说也是十分重要的一项力量练习,能帮助运动员提高速度力量和耐力力量水平。练习多采用负重,重量为运动员体重的 70% ~ 120%,具体方法如下:

①提拉至胸:重量为体重的 70% ~80%,2 ~3 组,每组 4 ~5 次;

93

②抓举:重量为体重的 70% ~ 100% ,4 ~ 5 组,每组 3 ~ 5 次;

③深蹲:重量为体重的 70% ~ 110% ,3 ~ 5 组,每组 4 ~ 10 次;

④半蹲:体重的 90% ~ 120% ,4 ~ 5 组,每组 5 ~ 10 次;

⑤负重体前屈:体重的 60% ~ 90% ,3 ~ 5 组,每组 5 ~ 10 次;

⑥提踵:体重的 90% ~ 120% ,4 ~ 5 组,每组 10 ~ 15 次;

⑦卧推:体重的 80% ~ 110% ,3 ~ 5 组,每组 4 ~ 10 次;

(2)力量耐力练习:中长跑运动员力量耐力的练习是力量训练的核心。主要练习方法如下:

①克服自身重力的多级跳、跑练习:30 ~ 50 米蛙跳、80 ~ 120 米单脚交换跳、400 ~ 600 米跨步跳、200 ~ 300 米后蹬跑;

注意:动作频率和节奏都要快,随能力的提高逐渐增加距离。

②负轻重量的力量练习:负重量为体重的 40% ~ 50% ,弓箭步跳 4 ~ 6 组,每组 40 ~ 60 次;

③负中等重量的力量练习:重量为体重 60% ,进行半蹲起、负重体前屈或左右转体、负重弓箭步跳、负重提踵等;

④负重越野跑和沙地跑:

(四)针对跨栏项目的练习

1.技术动作的练习

摆动腿的练习(图 3 - 38):

图 3 - 38

方法:把栏架靠墙放置,高度与比赛的栏高同高。练习者原地进行练习,摆动腿充分折叠高抬前伸,上体前倾,异侧手臂前伸,起跨腿用力蹬地。

目的:让练习者体会摆动腿折叠高抬前伸,并且找好过栏高度的感觉。

起跨腿的练习(图 3 -39 ~ 图 3 -41):

95

图 3 - 39

青少年阳光快乐体育丛书 QINGSHAONIAN YANGGUANG KUAILE TIYU CONGSHU

图 3 - 40

图 3 - 41

方法:练习者双手撑壁,栏架放于起跨腿一侧,离墙一端的栏高高于另一端。起跨腿外展折叠,并积极提膝前摆。

目的:让练习者体会起跨腿外展和提膝前摆的技术动作。

跨越小河跑

以放栏架的点位基准,在这个点前后各一米的地方用白色胶布画出

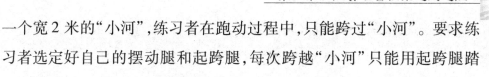

一个宽2米的"小河",练习者在跑动过程中,只能跨过"小河"。要求练习者选定好自己的摆动腿和起跨腿,每次跨越"小河"只能用起跨腿踏及白胶布,摆动腿伸展进行跨越。

慢慢增加"小河"的数量和难度。数量直到增加到10个为止,就是10个栏的数量。难度的增加主要是,在"小河"的中间及摆放栏架的点上,放上放倒的栏架,让练习者用跨栏动作进行练习。然后再在熟练的基础上,把栏架放正,高度从低到高进行练习。

2.跨栏跑项目的专项素质练习

(1)最大力量的发展:练习时所采用的重量一般为运动员体重的70%～120%,每组的重复次数从1～2次到6～10次不等。训练中常用的有下面几个杠铃练习:

①提拉至胸:重量为运动员体重的70%～80%,2～3组×4～5次。

②抓举:运动员体重的70%～100%,4～5组×5～3次。

③深蹲:体重的80%～110%,3～5组×10×4次。

④半蹲:体重的90%～120%,4～5组×10～5次。

⑤负重体前屈:体重的60%～90%,3～4组×10～5次。

⑥负重走:体重的80%～90%,3～4组×5～15步。

⑦提踵:体重的90%～120%,4～5组×15～10次。

最大力量的发展一般是安排在基础准备期和专项准备进行,一次训练课的最大力量训练量不应过多,中间应穿插一些其它快速的速率练习。

(2)速度性力量的发展:速度性力量的发展一般采用相当于运动员体重40%～50%的负重练习,练习要求以一定的频率在限定时间内完成规定的动作数量(一般5～15次)。主要采用以下几个练习:

①快速抓举:3~4 组 ×5~8 次。

②快挺:3~4 组 ×10~15 次。

③弓箭步跳:4~5 组 ×15~20 次。

④深蹲跳或半蹲跳:3~5 组 ×5~10 次。

⑤负重后蹬跑:4~5 组 ×30~50 米。

⑥负重高抬腿跑:4~5 组 ×20~30 次。

⑦负重足尖跳:3~5 组 ×60~80 次。

(3)爆发力的发展:

①杠铃练习:抓举、挺举、高翻、提铃至胸、半蹲、深蹲。运动员体重的 80%~120%,2~4 组 ×3~5 次。

②前后抛:4~7 千克的铅球 ×10~30 次,2~5 千克的实心球 ×10~30 次。

③跳跃练习:立定跳远、立定三级跳、十级跨跳、高抬腿跳、一步一跳、蛙跳、跳栏架、台阶跳等。

④负重练习:负 5~10 千克的沙衣或轻重量和杠铃做深蹲跳、收腹跳、跨步跳、跳台级等练习。

(4)力量耐力的发展:

①轻重量多次重复的练习:用运动员本人体重的 50%,深蹲,4~6 组 ×10~15 次;弓箭步跳,4~6 组 ×40~60 次。

②长距离的跳跃练习:跨步跳(100~200 米),高抬腿跳(100~200 米),单足跳(60~100 米),轻跳(200~300 米)。

(5)专项力量的发展:

跨栏运动员的负重和抗阻模仿动作练习是发展专项力量的主要手段,在完成这些练习时要保持基本的动作节奏,动作速度,动作周期时

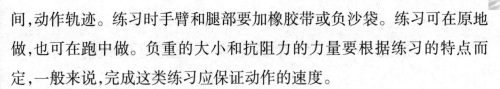

间,动作轨迹。练习时手臂和腿部要加橡胶带或负沙袋。练习可在原地做,也可在跑中做。负重的大小和抗阻力的力量要根据练习的特点而定,一般来说,完成这类练习应保证动作的速度。

①负 1~3 千克的沙袋(固定在小腿上)或负橡皮带做起跨腿的模仿练习,3~5 组×15~20 次。

②负 1~3 千克的沙袋(固定在小腿上)或负橡皮带做摆动腿的模仿练习,3~5 组×15~20 次。

③负 0.5~1 千克的沙袋在栏侧或栏上做过栏练习,3~5 栏×10~15 次。

(6)柔韧性训练:对于跨栏运动员,具备一定的柔性是必须的,柔韧练习有以下两种:

①静力性的柔韧性练习:

肋木上的各种压腿:正压腿、侧压腿、后压腿、下腰、弓箭步压腿。垫上或在草地上的各种练习:两人一组或单人做直腿并腿屈压、盘腿屈压、跨栏坐、盘腿坐、跪撑、跨栏坐向侧向后倒体、纵向横向劈叉、仰卧压腿、站立抬腿等。

②动力性的柔韧性练习:

扶肋木做各种大幅度的摆腿练习:正摆腿、侧摆腿、后摆腿、前绕腿(直腿)、后绕腿。各种负重的摆腿练习,模仿跨栏动作的练习。

第三节 青少年练习中应注意的问题

一、青少年的几个身体素质发展的敏感期

青少年时期是生长发育最快的阶段,而这个阶段又包括了身体素质发展的几个敏感期,因而,在练习的时候,我们应该针对相应的敏感期进行有效的练习,并避免不合理的练习造成对身体的伤害。几个敏感期为:

1. 10~12岁:发展运动协调性和速度的最佳时期。

2. 12~14岁:发展一般力量,并加强各种运动技能的学习。

3. 15~16岁:可以进行较大的负重练习来发展力量。

4. 17~18岁:可以进行较大强度的力量训练和专项耐力训练。

二、不宜采用大强度练习

青少年练习是一个循序渐进的过程,且不可拔苗助长,在练习时应采用小强度。这样能保证青少年身体全面发展、增进健康及适应大负荷训练的必要条件,能帮助增强抗疲劳能力和提高恢复功能,也能使运动技术和素质得到协调发展,并有助于承受大负荷训练。大强度对青少年的身体有以下弊端:

1. 关节韧带容易受伤。

2. 对内脏器官造成过大的负担,起到不良影响。

3. 对神经系统的发育有较大副作用。

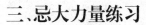

三、忌大力量练习

在青少年没有达到进行大力量练习的阶段,青少年的力量练习都应限于身体全面性的练习,通过跳跃、对抗、推举、旋转、屈伸等进行力量的练习(具体方法参考第一节和第二节基本身体素质内容),要避免跑、跳项目的青少年只练下肢力量,投掷项目的只练上肢力量,以致青少年身体发展不平衡。

而大力量练习对青少年会造成以下伤害:

1. 影响骨骼的生长发育。

2. 心血管负担过重。

3. 小肌肉群练习被忽略,关节、韧带和肌腱容易受伤。

第四章

径赛运动综合知识

第一节　径赛运动的价值

一、人的机体方面

图 4 – 1　　　　　　　　　　　　图 4 – 2

径赛运动包括了人类所有基本的走、跑、跳等基本身体活动,对人体的心血管系统、神经系统、呼吸系统、身体素质和运动能力有很好的促进作用。(图 4 – 1;图 4 – 2)

(一)心血管系统:适当的进行耐力跑,能使心脏增大,加强心脏的

收缩力,提高了心脏的工作能力,从而促进了心血管中血液循环,增强了人体心脏承受负荷的强度,加强了心脏的活动能力。对于青少年出现的"青春期高血压"问题,有很好的改善作用;对于老年人而言,则可以降低血脂,减少心血管疾病的发病率,减缓血压的增高。

(二)神经系统:适当的运动,能促进青少年神经系统的发育和完善,能延缓人体大脑衰老,使得大脑皮层神经过程的兴奋性、均衡性和灵活性提高,保持充沛的精力,有较高的工作效率,防止动脉血管硬化。

(三)呼吸系统:能保持肺组织的弹性,提高呼吸肌的收缩力,加强肺轮廓的活动幅度,改善肺的通气和换气功能,增加吸氧能力,提高全身各内脏器官的新陈代谢。对预防老年人慢性支气管炎和肺部其他疾病有良好作用。

(四)身体素质和运动能力:能促进青少年骨骼的发育,肌力的增加,灵敏度的提高以及有效防止柔韧度的减弱,使之具有良好的身体素质,从而提高运动能力。对于老年人,能有效防止骨质疏松,脊柱骨质增生等脊柱疾病,提高肌肉的工作能力,减缓身体素质的下降。

二、塑造人的方面

当然,径赛项目在对人体各器官和身体素质的作用是不容置疑的,而它对人的心理、性格、意志品质、克服困难和解决困难以及人际交往等方面的培养也起到了十分重要的作用。

(一)心理方面:径赛运动对青少年在心理方面的培养有着积极的作用:具有良好的心理自我调节和控制能力。在径赛项目中,特别是在短跑项目中,要求运动员具有良好的心理素质。这主要体现在起跑的时候,运动员对自己紧张情绪的控制和调节。长期参与田径运动的青少年能对自身心理进行有效的自我调节和控制,让心理处于良好的状态,从而保持阳光、快乐的形象和乐观积极向上的心态。

(二)性格方面:径赛运动能培养青少年勇敢果断的性格。如在参与跨栏时,不仅需要运动员具有良好的技术,还需要选手在完成动作时有勇敢果断性格。因为这些技术动作都是瞬间完成的,项目和技术特点就要求参与者必须果断一次性完成动作,并且对自己充满信心。所以,参与径赛运动,不仅可以培养青少年勇敢果断的性格,还能帮助青少年改正做事犹豫不决的不良性格,同时还能帮助青少年拥有自信,展现良好的个人气质,让人感受无限的朝气。

(三)意志品质方面:径赛运动能培养青少年坚忍不拔,永不放弃的精神。在耐力跑项目对培养坚忍不拔的性格具有良好作用。耐力跑在进行过程中,都会在"极点"的现象,在这个时候,人体往往会感到呼吸困难,四肢无力,特别的难受。这不仅是对人在体力上的考验,更重要的是对人精神上的考验,坚持与否就取决于意志品质的优劣。而在径赛过程中,对青少年永不放弃的精神有着明显的锻炼作用,只要比赛没有结束,我们都不能放弃比赛,都要抓住机会发挥出自身最好的技术水平。

(四)人际交往方面:在参与运动的过程,其实就是一个人际交往的过程。在技术练习的时候,需要练习者彼此指出和纠正错误的技术动作;在遇到困难时,需要彼此之间的鼓励。可见,青少年在参与运动的过程中,就必须通过与他们的交流和合作来完成练习,从而在潜移默化中,促进了青少年人际交往的能力,让他们具有更好的表达能力和团队合作精神。

综上所述,我们可以看出,径赛运动不仅仅对我们的身体健康有着重要的作用,对于青少年塑造良好的心理、性格以及具备良好的人际交

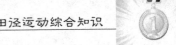

往能力具有积极的作用。径赛运动能使青少年具有自信,乐观和良好的心理素质以及与人沟通的能力,让青少年散发出朝气蓬勃,健康乐观,积极向上的青春气息。

第二节 田径运动几大赛事

一、奥运会(图 4-3)

图 4-3

　　自奥运会举办之初,田径便是其主要运动竞赛项目,而奥运会田径比赛也是举行最早的世界性田径比赛。1896 年第一届雅典奥运会中,男子田径比赛便波列为了正式比赛项目。女子田径运动则是经过长期的争取,才在 1928 年第九届阿姆斯特丹奥运会上被允许进入奥运会。女子项目成功进入奥运会与 1912 年成立的国际业余田径联合会的不懈努力是分不开的,并且随后国际田径联合会把各项规章制度逐步完善,项目不断扩大,才发展成为今天的奥运会。世界田径运动在一百多年的发展中,奥运会田径比赛项目由最初的男子 12 项扩大到今天的男女 47 项(2008 年北京奥运会),男女项目设置的差别越来越小。而各个项目

105

的技术水平、训练方法、场地器材等方面随着科学技术的发展,其变化更是日新月异。

随着体育运动的发展,田径运动也增加了其他两项国际赛事——世界杯田径赛和世界田径锦标赛,但奥运会田径比赛仍是各国运动员最为期待的比赛,运动员都把夺取奥运会金牌作为自己奋斗的目标,因而奥运会田径比赛几乎囊括了各个项目世界上最优秀的运动员参加比赛,同时也是观众最关心的重大赛事。

在田径选手参赛资格的要求上,现代的奥运会田径比赛在选手的参赛资格上有着严格的要求。而最初的奥运会没有运动员资格的限制,从而出现同一项目前几名被一国包揽的情况。现代奥运会,首先明确了报名人数的要求,规定了每个国家、每个项目参赛人数不得超过 3 人;其次是报名成绩,分为 A、B 两个成绩标准,只有达到了成绩标准的运动员,才有参赛资格,成绩标准随成绩水平的变化而定,因此每届的标准会有相应的调整。

每届奥运会都是世界最强田径势力的碰撞。从 20 世纪 70 年代形成的美国、俄罗斯和德国三强,以及非洲在中长跑项目上的绝对优势,到现在势力发展越来越均衡,金牌分布也愈来愈分散。但是,尽管我们亚洲人口最多,总体实力却是五大洲中最弱的,在奥运会中取得的奖牌也是寥寥无几。到目前为止,亚洲各国总共获得的金牌数也是屈指可数。

二、世界杯田径赛(图 4 - 4)

图 4 - 4

世界杯田径赛、世界田径锦标赛和世界室内田径锦标赛均由国际田联举办,因而三大赛事的标志都采用国际业余田径联合会会徽。

在 20 世纪 70 年代之前,奥运会田径比赛是唯一一个由国际田联和国际奥委会共同举办的世界性田径赛。世界杯田径赛的产生,是因为国际田联受到欧洲杯田径赛的启示,进而计划模仿欧洲杯赛举办一项类似模式的国际田径赛事,借此促进世界特别是亚非田径运动的发展。随后,世界杯田径赛的基本方案在 1975 年基本形成,并向各国和地区田径组织广泛征求相关意见。

于是,在 1976 年第 21 届奥运会期间,国际田联会议正式通过决议,决定举办世界杯田径赛,每两年一届,赛期在奥运会前一年或后一年。第 1 届世界杯赛于 1977 年在联邦德国杜塞尔多夫举行,并随后于 1979 年和 1981 年分别在加拿大蒙特利尔与意大利罗马召开了第 2 届和第 3 届世界杯赛。由于 1983 年世界田径锦标赛的诞生,第 4 届世界杯赛改到了 1985 年的澳大利亚堪培拉举行,从此开始,世界杯赛由两年一届改为 4 年一次,赛期也固定在了奥运会后一年。

世界杯赛在项目的设置方面相对来说较少。从第 1 届世界杯赛开始,男子项目就一直为 20 项,没有竞走、马拉松和十项全能;女子项目则略有变化,从最初的 14 项增加到 16 项,没有马拉松和全能项目。

项目设置少,同样在参赛队伍和参加数人数的要求上也少。参赛队伍不是以国家为单位,而是以各大洲为代表单位,每个项目各代表队只能报一名运动员或一队(接力项目)参加,计前 8 名团体总分。因而,各代表队的运动员是各大洲田联选拔产生。世界杯赛参赛队伍只有 8 支队伍:美国队;欧洲杯冠亚军各一个队;五大洲各一支队。世界杯赛与其他赛事最大的不同在于每个项目只举行决赛。

但是世界杯田径比赛却是第一个把女子 400 米栏和 3000 米跑列入正式项目的世界性大赛。

三、世界田径锦标赛

世界田径锦标赛是国际田联继奥运会和世界杯赛之后,举办的第三个国际田径赛事,并且世界田径锦标赛是国际田联独立主办的国际田径赛事。尽管世界田径锦标赛晚于世界杯赛出现,但由于世界杯赛赛制各方面的约束,致使参赛人数和队伍太少,而逐渐被世界各国和众多运动员所冷落,所以在运动水平上,世界田径锦标赛的运动水平更高,竞争更加激烈,更具观赏性。在一定程度上,世界田径锦标赛是仅次于奥运会田径比赛,并且常常有好成绩出现。自 1978 年国际田联决定主办世界田径锦标赛以来,每 4 年举行一次。从 1991 年开始改为每两年举办一次。

世界田径锦标赛为期 8 天,中间休息一天,实际比赛日为 7 天。它的赛制与奥运会基本相同,以各国和地区协会为单位参加,参赛运动员

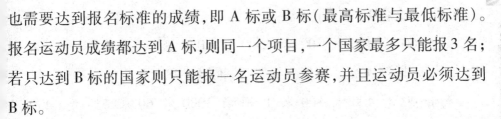

也需要达到报名标准的成绩,即 A 标或 B 标(最高标准与最低标准)。报名运动员成绩都达到 A 标,则同一个项目,一个国家最多只能报 3 名;若只达到 B 标的国家则只能报一名运动员参赛,并且运动员必须达到 B 标。

世界田径锦标赛在项目设置上要宽广得多,并且很多项目都先于奥运会列入比赛,如女子马拉松、10000 米跑、10 公里竞走等。在奖励机制上不仅仅局限于名誉上的荣耀,而是重奖取得优异成绩的运动员;而且奖金逐届增加,如在 1993 年的斯图加特世锦赛上,每个项目的冠军都可以获得一辆奔驰高级轿车。这些机制的改变吸引了全世界众多优秀运动员前来参加,也增强了其观赏性。

四、世界室内田径锦标赛

世界室内田径锦标赛前身为世界室内田径运动会。美国是最早举行室内田径赛的国家,他们发现在调整期举行室内比赛对运动员缩短调整期,进入积极活动期,增强比赛意识、提高技术水平都具有重要意义。而亚洲最早举行室内比赛的是日本,我国直到 20 世纪 80 年代初期才开始举行一些项目的室内比赛。到目前为止,世界室内田径锦标赛已经成为运动员全年训练和比赛计划的一个重要环节,它所体现的更多的是运动员训练的一部分。

世界室内田径运动会改名,是因为国际田联为了把世界室内外锦标赛的名称统一起来而确定为世界室内田径锦标赛。国际田联规定,室内跑道一圈的长度为 200 米,弯道 65 米,直道 35 米,每隔两年举行一次。由于场地结构的不同,所以在项目的设置上也不同于其他赛事,国际田联公布承认的室内正式项目为男子 20 项,女子 18 项,但在比赛时一般

109

为 26 项,男女各 13 项,分别是:

男子:60 米、400 米、800 米、1500 米、3000 米、60 米跨栏、4 x 400 米接力、跳高、撑竿跳高、跳远、三级跳远、推铅球和七项全能。

女子:60 米、400 米、800 米、1500 米、3000 米、60 米跨栏、4 x 400 米接力、跳高、撑竿跳高、跳远、三级跳远、推铅球和五项全能。

五、国际田径大奖赛(图 4 – 5)

图 4 – 5

国际田径大奖赛是一个商业性质的田径赛事。最早是在 1981 年的美国举行,由美国莫比尔石油公司赞助。尽管是一个商业性质的赛事,但是实践证明,此项赛事对提高美国田径水平、促进运动员创造佳绩和增加田径运动的受关注度等方面都有十分显著的作用。随着体育与媒体的联系越来越密切,媒体的炒作也让赞助公司从中获得可观的商业效益。

在体育商业化的必然趋势下,国际田联决定开始举办世界田径大奖赛。国际田径比赛在近些年也逐渐成为了电视商争夺转播专利的对象。组织者为了吸引媒体商和赞助商,通过媒体引起社会对田径运动更加广泛的关注,便以高额出场费来邀请世界顶级运动员来参赛,并对取得佳绩的运动员给予重奖(图 4 –6)。出场费和重奖一方面是对运动员辛苦训练的回报,更重要的是他们的参赛提高了比赛的激烈程度,增加了比赛的观赏性,自然达到了良好的宣传效果。

图 4 - 6

2009 年分享百万黄金的 3 名运动员(美国女子 400 米名将理查德兹、俄罗斯撑杆跳女皇伊辛巴耶娃和埃塞俄比亚中长跑名将贝克勒)

随着田径运动的进一步发展,国际田径大奖赛开始繁衍出一个子比赛,就是现在人们常常看到的"黄金大奖赛"。从 1993 年起,国际田径大奖赛抽出四站来举行"黄金大奖赛",它以 20 千克黄金作为奖品,奖给连续四站都获得冠军的运动员(20 千克黄金为连续获得冠军的运动员所分割)。后来,奖品由 20 千克黄金改为了 100 万美金,比赛场次也从 4 站改为了 7 站。这无疑是增加了运动员获胜的难度,但吸引力更大了,而观众也对比赛更加感兴趣了。历史上也只有 3 名运动员独享过 100 万黄金(图 4 - 7 ~ 图 4 - 9):

图 4-7

莫桑比克女子 800 米跑选手

穆托拉(2003)

图 4-8

俄罗斯女子三级跳选手

莱贝德娃(2005)

图 4-9

肯尼亚女子 800 米选手杰利莫(2008)

当然,既然是比赛就会有比赛的规定。国际田联规定,参赛运动员必须在大奖赛前一年的比赛成绩排在世界 50 名以内,才有资格参加。而大奖赛由于年份的不同,其比赛项目的设置也不同:

奇数年:男子——200 米、400 米、1500 米、5000 米、110 米栏、撑杆跳高、跳远、铁饼和标枪。

女子——100 米、800 米、3000 米、400 米栏、跳高、铅球和跳远。

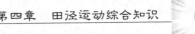

偶数年:男子——100米、800米、10000米、3000米障碍、400米栏、跳高、三级跳远、铅球和链球。

女子——200米、400米、1500米、5000米、100米栏、铁饼和标枪。

而2009年的田径黄金联赛则将永远成为历史,从2010年开始,黄金联赛将会被新的钻石联赛而取代。钻石联赛项目将包括32个项目,比赛的站数将从6站提升为14站,其中增加了美国纽约和尤金两站,中国上海和卡塔尔多哈各一站。在奖金和获奖的条件上有所改变,钻石联赛要求每个单项积分最高的选手便可获得价值8万美元的4克拉钻石。这样一来,每个项目运动员的竞争对手只是本项目选手,欲获奖只需要累积积分第一,而无需全部分站夺冠。黄金联赛的消失,并非田径运动萧条的结果,而是因为田径运动已变得更加繁荣,需要更多赛事来展现其魅力。

第三节　径赛场上的金色人物

一、"有决心,有献身的精神"——杰西·欧文斯(图4-10)

杰西·欧文斯,美国田径运动员。6次创世界纪录。1936年柏林奥运会上,欧文斯5次打破4项世界纪录,平1项世界纪录,成为奥运会历史上杰出的英雄。国际业余田径联合会设立了"杰西·欧文斯奖",表彰那些被认为最具奥林匹克精神和品质的运动员。欧文斯奖成为全世界运动员追求的最高荣誉。

图 4 – 10

　　杰西·欧文斯原名詹姆斯·克利兰德·欧文斯,1913 年 9 月出生于美国一个贫穷的、儿女众多的黑人家庭。欧文斯的运动才能在他 9 岁时,被菲尔蒙特技术学校的体育教练查理·赖利发现,他也因此成为欧文斯的启蒙教练。而查理常常对欧文斯说,要想成为世界上跑得最快的人,就应该"有决心,有献身的精神",这句话也成为欧文斯的座右铭。

　　欧文斯随着年龄的增长,体育素质也越显优秀,并在 1933 年全美中学生运动会上连创了 4 项中学生全国纪录,优异的运动成绩使他很快成为全国瞩目的新闻人物。欧文斯也因此作为"体育尖子"获得了俄亥俄州立大学的奖学金,从而认识了教练斯尼特尔,得到了系统的训练,让他的天赋得到进一步的发挥。

　　1935 年 5 月 25 日,刚 21 岁的欧文斯,在安阿伯举行的全美大学生

114

运动会上,创造了迄今田坛还未有过的奇迹。在这次比赛中,他共参加了 4 个项目,全部赛程在当天下午,3 点 15 分,他在 100 码跑中跑出 9 秒 4 的成绩,平了世界纪录;10 分钟后,又在跳远中跳出了 8.13 米,这惊人的世界纪录整整保持了 1/4 个世纪,直到 1960 年才被人打破;又过了 20 分钟,他参加 220 码跑比赛最先一个到达终点,成绩是 20 秒 3,再创世界纪录。220 码距离长于 200 米,按当时国际田联规定,该项目也设有世界纪录。欧文斯在不到 70 分钟内,连破五项、平一项世界纪录。这一天不仅是欧文斯大放异彩的一天,也是世界田径史上最光辉的一页。

欧文斯的辉煌在 1936 年柏林奥运会上继续闪耀。他在这届奥运会上一人独揽 100 米、200 米、跳远和 4×100 米 4 枚金牌,成为奥运会上有史以来第一个真正的英雄,人们也把这届奥运会称为"杰西·欧文斯奥运会"。而欧文斯在奥运会上取得的骄人成绩,给当时宣称"亚利安人种族优越"的纳粹党领导者希特勒当头一棒,他恼羞成怒,愤然离席,拒绝颁奖给欧文斯。但观众仍然给了欧文斯雷鸣的掌声和欢呼。

欧文斯在退役之后,作为国际奥林匹克运动的亲善大使,做了大量有益的工作,赢得了众人的尊重,并设立了"杰西·欧文斯奖"。当欧文斯逝世时,人们为他举行了隆重的葬礼。美国奥委会主席凯恩称欧文斯是"奥林匹克运动最伟大的运动员";美国总统卡特也在哀悼声明中称赞欧文斯为"反对专利、贫困和种族对立的斗士"。

二、"欧文斯第二"——卡尔·刘易斯(图4–11)

图4–11

　　卡尔·刘易斯是国际田坛上又一超级巨星,他成名于1981年,被誉为"欧文斯第二"。卡尔·刘易斯出生于1961年,身高1.88米,体重80千克,他的父母曾是优秀的田径运动员。因着良好的遗传基因,卡尔·刘易斯具有很好的田径天赋,他7岁开始练习田径,在12岁时获得跳远胜利后,得到了欧文斯的鼓励。从此,欧文斯成了他的偶像,并且让他下定决心要做欧文斯一样的伟大人物。

　　1981年是刘易斯崭露头角的一年,也正是这一年让世界认识了这个刚好20岁的田径新星。他先后跳出8.49米的男子室内世界最好成绩和8.62米平原地区世界最好成绩,接着又跑出了10秒整的100米平原地区世界最好成绩。更加重要的是刘易斯在美国田径锦标赛上夺得100米和跳远两项冠军,继欧文斯之后第一个同时获得这两项冠军的选手。因此,美国业余体育联盟把"沙利文"奖授予给了刘易斯。

　　刘易斯势头在1982年更加强劲。他再次跑出100米10秒整的当

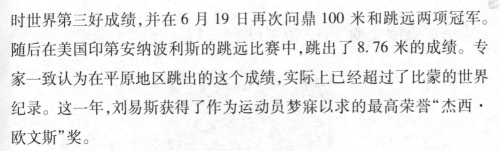

时世界第三好成绩,并在 6 月 19 日再次问鼎 100 米和跳远两项冠军。随后在美国印第安纳波利斯的跳远比赛中,跳出了 8.76 米的成绩。专家一致认为在平原地区跳出的这个成绩,实际上已经超过了比蒙的世界纪录。这一年,刘易斯获得了作为运动员梦寐以求的最高荣誉"杰西·欧文斯"奖。

从赫尔辛基的比赛中,刘易斯开始了疯狂的夺金表现,一人勇夺 100 米、跳远和 4×100 米接力赛三枚金牌,成为名副其实的"赫尔辛基之王"。在接下来的 1984 年洛杉矶奥运会上,刘易斯大放光彩,夺得 100 米、200 米、跳远和 4×100 米接力赛四枚奥运会金牌。为了感激欧文斯对他的关怀和鼓励,刘易斯赠送了一枚金牌给欧文斯的遗孀。

1985 年和 1986 年两年时间是刘易斯运动生涯的低谷期,他备受伤病的煎熬。但这并没有磨灭他坚持田径运动的信念。刘易斯于 1987 年东山再起,在罗马举行的第 2 届世界田径锦标赛上,获得跳远和 4×100 米接力赛金牌以及 100 米银牌,其 100 米比赛输给了加拿大名将约翰逊。而在 1988 年奥运会上,由于约翰逊被查出服用了兴奋剂,从而刘易斯再次获得 100 米金牌,并且蝉联跳远冠军。在接下来的 1992 年巴塞罗那和 1996 年亚特兰大两届奥运会上,刘易斯都成功卫冕了跳远冠军,这也使他成为在 20 世纪奥林匹克运动史上,在同一个项目上获得"四连冠"的运动员。而刘易斯四届奥运会夺得 9 枚金牌的成绩也是其他运动员无法触及的,当之无愧为"欧文斯第二"。

三、"女欧文斯"——范尼(图4-12)

图4-12

　　荷兰著名女子田径运动员范尼·布兰克尔斯·科恩,是田径史上以为发展十分全面的选手,她在跑、跳、跨栏、五项全能等项目中都创造过世界纪录。1948年伦敦奥运会是范尼创造辉煌的时刻,她一举获得100米、200米、80米栏和4×100米接力金牌,被人们称为"女欧文斯"。

　　1936年的柏林奥运会,是18岁的范尼第一次参加国际大赛,成绩一般,只获得跳高和4×100米接力两项第五名。但在两年后,范尼便以11秒整创造了100码的第一个世界纪录。然而由于第二次世界大战,范尼停止了训练,并同她的教练结婚,生育了2个孩子。就当人们都认为她就此告别运动生涯时,范尼却在1942年以11秒3的成绩平了女子80米栏世界纪录。并于1943年5月30日,第二次世界大战进行之际,范尼在阿姆斯特丹以1.71米创造了女子跳高世界纪录,成为世界上第一个越过1.70米的女运动员。同年9月19日,又在莱登以6.25米刷新了女子跳远纪录。3 年后,1946 年在奥斯陆夺得 80 米栏和 4×100 米接力的欧洲冠军。

两年后的 1948 年,30 岁的范尼迎来了她运动生涯,也是人生中最为辉煌的一年。首先是以 11 秒的成绩再次打破了 80 米栏的世界纪录,并在同年 6 月 13 日,距离奥运会开幕前 46 天,以 11 秒 5 的成绩取代了由波兰人瓦拉谢维奇保持了 11 年之久的女子 100 米世界纪录。范尼把这个种良好的运动状态带到了第 14 届伦敦奥运会上。由于奥运会对参赛运动员的参赛项目有规定,每人最多只能参加三个单项的比赛,因此,范尼不得不放弃跳高和跳远两个单项,报名参加了 100 米、200 米和 80 米栏的比赛。她先是顺利的以 11 秒 9 的成绩获得 100 米的冠军,随后在 200 米的预赛中却发挥不理想,以 25 秒 7 排在了第五,但在决赛中以 24 秒 4 打破奥运会纪录的成绩夺得金牌,并一举夺取了女子 80 米栏第一名和 4×100 米接力的桂冠。成为本届奥运会上夺得金牌最多的运动员,从而也被人称为"女欧文斯"。年底,范尼被评为"世界最佳运动员"。

范尼在奥运会上一人夺得四枚金牌的辉煌成就在荷兰引起了重大反响。这位"跑道上的女王"乘上四匹大白马拉的皇家马车,在阿姆斯特丹受到女王般的夹道欢迎,并获得朱莉安娜女王亲自颁发的代表荷兰最高荣誉的骑士勋章。

范尼的运动生涯继续前进,1950 年,32 岁的范尼在布鲁塞尔又获 100 米、200 米和 80 米栏三项欧洲冠军。1951 年,她又创造了女子五项全能 4692 分的世界最新记录。

1952 年,是 34 岁的范尼第三次参加奥运会。在第 15 届奥运会上,伤病严重的范尼仍然坚持比赛,并报名参了 100 米和 80 米栏两个项目。

尽管在 100 米的预赛和次赛都发挥了较好的成绩,但在次赛当晚即患重病而不得不放弃了后续比赛。当身体稍有好转,范尼就出现在了 80 米栏的预赛中,范尼带着 38.9℃的高温,却以 11 秒 2 平奥运会纪录的成绩进入到决赛,但让人遗憾的是,在决赛时终因体力不支而在第四个栏后中途退场。然后这种顽强拼搏的精神让人鼓舞,范尼当年被授予"穆罕穆德·塔赫尔杯"。

四、赤脚大仙——阿贝贝·比基拉(图 4 - 13)

图 4 -13

1932 年 8 月 7 日,是洛杉矶奥运会马拉松比赛的日子,而这一天,阿贝贝降生在非洲埃塞俄比亚的一个小山村的一个羊倌的家里。谁也没有想到,这个孩子能与奥运会、马拉松结下不解之缘,成为非洲历史上第一个代表自己的祖国获得奥运会冠军的运动员,同时也是田径历史上第一个赢得两枚奥运会马拉松冠军的人。

阿贝贝19岁的时候入伍当兵。新兵军训的时候,他的瑞士教官有一套魔鬼训练方法,他每天带着这些士兵在海拔将近2000米的高山上进行跑步训练。每天最多跑20英里,还要进行1500米的跳跃跑。而阿贝贝和其他新兵总是在岩石和粗糙的地上赤脚跑步。这也为阿贝贝打下了良好的马拉松基础。

1956年阿贝贝看到了即将赴墨尔本参加奥运会的埃塞俄比亚运动员在接受检阅,而正是从那一刻起,阿贝贝下定决心要穿上身后印有"埃塞俄比亚"字样的运动服,为国争光。

1960年,阿贝贝如愿以偿,代表埃塞俄比亚参加罗马奥运会。而这一届奥运会马拉松比赛的设置也别具匠心,起点和终点都没有设置在体育场,而是把起点安排在体育场外,并且在第一次在夜晚进行马拉松比赛,目的是为了向世界尽可能多地展示罗马悠久的历史、辉煌的建筑和壮美的景色。从山坡上出发,穿越罗马,进入夜色后,由罗马士兵高举的火炬引领,最后的几英里在几千年前罗马军队行军的一条建于古罗马时代的道路上进行。而阿贝贝也给世界人民来了一个惊讶,人们发现,这位来自非洲的选手没有穿鞋。

由于没有比赛经验,比赛一开始,阿贝贝就跑得飞快,领先所有的选手。一般有实力准备夺冠的选手开始都愿意跟跑,领跑的选手往往不能笑到最后。所以,当转播员提到他的名字时,并没人真地关注他。当时,观众的注意力,都集中在苏联的世界纪录创造者波波夫·奥罗比耶夫,新西兰的马吉,英国的凯利等选手身上。

可是,这黑人选手实在太惹眼了,想不看他都不行。灯光下,他那黝黑的身躯快速地移动着,一闪一闪的,发着光亮,让人感觉到他身上蕴含的无穷的精力。过了 40 千米后,他开始加速,把其他选手甩下,并把距离越拉越开,优势一直保持到终点。2 小时 15 分 16 秒 2,创造了新的世界纪录,这个成绩把奥运会的成绩提高了将近 8 分钟!观众席上掌声雷动。奥运会的历史上,第一次奏响了埃塞俄比亚的国歌,这块奥运会金牌,是非洲黑人运动员获得的第一块奥林匹克运动会的奖牌,开启了非洲选手在长跑项目上领先地位的圣神之门。

阿贝贝回到祖国,受到数以万计的群众夹道欢迎,塞拉希一世还亲自设宴接见,并宣布全国放假 3 天,以示庆贺。

1963 年阿贝贝在波士顿参加了马拉松比赛,他第一次没有获得冠军而是第五名。这次比赛之后,他回到了他所服役的军队,消失在了人们的视野中。于是很多人都认为,他不会再跑下去了,应该选择退役了。但是,在 1964 年的埃塞俄比亚的奥运选拔赛上,阿贝贝又出现了,并跑出了非常惊人的成绩。众人又燃起了对他的希望。

可是,天有不测风云。就在 1964 年的东京奥运会开始前六个星期,阿贝贝做了阑尾切除手术。自手术后到比赛之前这些日子里,阿贝贝一点儿都没有练习。人们对他不抱任何希望,包括他的粉丝们。但信心十足的阿贝贝还是站到了起跑线上,并在出发后跑在最后。然而过人的实力让阿贝贝跑到 16 千米时,已经遥遥领先了。沿途的观众都为他加油。对于阿贝贝来说,任何的战术,任何客观条件丝毫都不能影响他的状态,阿贝贝只有一个念头,就是要再拿冠军。最终他不仅以 2 小时 12 分 11 秒 2 的成绩再次创造了奥林匹克纪录,而且创造了世界最好成绩。

然而,1968 年,比基拉因为车祸身受重伤,失去了双腿。从此,阿贝贝·比基拉靠轮椅代步。但他并没有失去生活的信心,以惊人的毅力参加了在挪威奥斯陆举行的国际伤残人运动会的射箭比赛,再次为祖国争得了荣誉。

1973年年仅41岁的阿贝贝与世长辞,埃塞俄比亚人民无限悲痛,有7万人参加了他的追悼会,这是有史以来为一个运动员举行的规模最大的一次追悼会。

五、东方神鹿——王军霞(图4-14)

王军霞,辽宁省大连人,从师于我国著名的中长跑教练马俊仁,是中国乃至世界女子中长跑项目中一颗璀璨的明星,先天的天赋和后天的勤奋是她成功的重要条件。

图4-14

王军霞成名于1993年,由于她取得的各种骄人成绩,被权威的体育月刊《田径新闻杂谈》评选为"年度最佳女运动员"。1993年,是王军霞全面收获的一年,她先是在 8 月份的德国斯图加特第 4 届世界田径锦标赛上,获得女子 10000 米金牌;接着 9 月份在第 7 届全运会上,打破了 10000 米世界纪录,并同时打破 3000 米世界纪录以及 1500 米世界纪录; 10 月份王军霞又在西班牙第 5 届世界杯马拉松比赛中摘得桂冠;最后在 11 月份取得 10000 米亚洲冠军。

如果说 1993 年是王军霞在赛场上风光十足的一年,那么 1994 年则是王军霞人生中最为难忘和不平凡的一年。王军霞所取得的辉煌成绩得到世人的认可,成为第一个获得国际权威的田径大奖——杰西·欧文斯奖的中国人、亚洲人。

但是王军霞并没有就此满足,为了在 1996 年亚特兰大奥运会上为国争光,她在长达 6 个月的全封闭的训练中,休息过一天,甚至没有因伤病而停止过一天的训练。王军霞坚持每天清晨 4：30 开始围绕着崎岖不平的路上跑 20 千米。付出总会有回报,王军霞在第 26 届亚特兰大奥运会上,取得了 5000 米金牌和 10000 米银牌,再次向世人展现了"东方神鹿"的魅力。

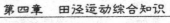

六、黄色旋风——刘翔(图 4 - 15)

图 4 - 15

　　刘翔,一个结束了中国、亚洲乃至黄皮肤人在世界田径史中短跨项目上零奖牌的历史,并且是男子 110 米兰大满贯得主,包括:奥运会金牌、世锦赛金牌、世界杯金牌和室内田径锦标赛金牌,是名副其实的大满贯。

　　在刘翔未成名以前,在比赛中由于工作人员的失误还闹出个笑话。刘翔的教练孙海平为了让刘翔能多参加比赛,向国外一些优秀选手学习,他们常常在世界各地参加不同的比赛。在一次比赛中,刘翔分在第八道,比赛过程中,第七道的欧洲运动员因为技术失误而导致碰栏摔倒没能完成比赛,刘翔则是以第三的身份冲过了终点线。但当显示屏上公布成绩时,却让师徒二人大跌眼镜。刘翔被判无成绩,而第七道的运动

青
少
年
阳
光
快
乐
体
育
丛
书

QINGSHAONIAN YANGGUANG KUAILE TIYU CONGSHU

员却成为了第三名。经过教练孙海平与组委会的反复沟通和查实,原来是工作人员在没有核实的情况下不负责任的下定论,他们认为比赛中摔倒的肯定是亚洲运动员,在短距离项目上,亚洲男子运动员更不可能进人前三名,从而就出现了公布成绩错误的一幕。不过在核实以后,组委会更正了错误。正是这件事促进了刘翔在日后更加刻苦的训练,他下定决心要让世人知道中国人一样能在短距离项目上取得辉煌成绩。

通过科学的训练方法和自身的刻苦训练,运动成绩直线上升,并让世界开始关注这个中国跨栏小子。2003 年世界室内田径锦标赛男子 60 米栏第 3 名,结束了中国男选手在该项赛事中 18 年未夺牌的历史,7 月萨格勒布田径田联超级大奖赛亚军,巴黎世锦赛男子 110 米栏铜牌。在 2004 年世界室内田径锦标赛,刘翔分别以 7 秒 46 和 7 秒 43 两次打破男子 60 米栏的亚洲室内纪录并夺得亚军,再次书写了中国田径历史;在大阪田径大奖赛,刘翔首次在与美国名将阿兰·约翰逊的同场竞技中取胜并夺得冠军,同时还以 13 秒 06 的成绩再次刷新了室外 110 米栏亚洲纪录。

而真正让世界震惊和记住这个黄皮肤的中国飞人是在 2004 年雅典奥运会男子 110 米栏决赛之后。刘翔在高手如云的决赛跑道上,以绝对优势夺得金牌,并以 12 秒 91 平了由英国名将科林·杰克逊保持的世界纪录。这枚金牌是中国男选手在奥运会上夺得的第一枚田径金牌,更重要的是一个黄皮肤人打破了欧美运动员在短距离项目上的垄断地位。

正是刘翔优异的表现征服了世人,2005 年 5 月第六届世界劳伦斯体育奖的评选中,刘翔获得了最佳新人奖。110 米栏开始进入了刘翔时代。刘翔的世界排名一直稳居第一,并在 2006 的黄金联赛洛桑站中,以 12.88 打破了保持了 13 年的 12 秒 91 的世界记录。2007 年 8 月 31 日,在日本大阪举行的世界田径锦标赛中，刘翔再次上演了绝地反击的好戏。由于在半决赛中，刘翔为了保存实力而未能全力冲刺，从而决赛按成绩分道被分到了第九道，这对于一个短跑项目来说是一个下下签。因为还从来没有一名运动员在世锦赛中的第九道上取得过冠军。但是刘翔做到了，夺得了世锦赛的冠军，从而完成了他大满贯的辉煌。这也被人们称为"第九道奇迹"。

正当人们都期望刘翔在北京奥运会上有上佳表现时，伤痛却让刘翔黯然地离开了比赛场，只留给人们那悲凄的背影。但我们都相信，刘翔一定不会就此放弃，他一定还会展翅归来。

七、与时间比赛的人——博尔特(图4－16)

博尔特，1986年8月21日出生于牙买加。他继承了牙买加人优秀的短跑天赋，被誉为天才型选手。在15岁时，博尔特就获得了世界青年田径锦标赛200米冠军。

图4－16

专攻200米跑的博尔特，在2007年大阪世界锦标赛上让世人认识了这个年轻的20岁牙买加天才，尽管他以0.15秒的劣势输给了当时的

100 米和 200 米双料冠军美国人盖伊。而当时他的百米成绩也仅为 10 秒 05。

为了更好的提高 200 米成绩，博尔特开始练习 100 米，所谓"无心插柳柳成荫"。没有人会想到，这个 1.96 米的大个子很快便成为了 100 米跑道上的王者。因为有人曾说过，在 100 米这种短距离项目上，不适合大个子发挥水平，然而博尔特的出现打破了这个说法。博尔特在 5 月的三场比赛中成绩令他彻底扬名，让世界见证了又一飞人的横空出世。第一场是在 5 月 4 日的牙买加国际田径邀请赛上，博尔特第一次跑出了 9 秒 76 的佳绩，这不仅仅是他个人历史上第一次跑进了 10 秒大关，更重要的是他创造了百米历史上的第二好成绩，这个成绩仅比自己的同胞鲍威尔保持的世界纪录 9 秒 74 慢了 0.02 秒。半月后的汉普顿锦标赛上，博尔特又跑出 9 秒 92 的佳绩，这是他在同一赛季连续第二次跑出 10 秒以内的百米佳绩。北京时间 2008 年 6 月 1 日，美国纽约田径赛上，博尔特与 2007 年世锦标赛三块金牌得主盖伊的火拼也被看做是纽约大奖赛上"火星撞地球"般的碰撞。博尔特从起跑到惊人的途中跑和近乎完美的冲刺，在风速 1 米 7 的情况下，博尔特以 9 秒 72 的成绩率先到达了终点，并打破了鲍威尔在去年创造的 9 秒 74 男子 100 米世界纪录。

仅仅在两个月后的北京奥运会上，博尔特在接近终点减速的状态下，以 9 秒 69 的成绩再次打破世界纪录。这个惊人的举动和成绩震惊了世界，人们开始讨论这个第一个跑进 9 秒 7 的大个子，他的极限速度究竟是多少，而人类的极限又在哪里。博尔特告诉人们他将跑进 9 秒 6。而 9 秒 6 这个成绩是曾被人誉为人类极限的成绩。随后的奥运会 200 米比赛，博尔特为自己送上了 22 岁的生日礼物——19 秒 30 打破世界纪录并夺得金牌。在北京奥运会后一年，2009 年 8 月，德国柏林的世界田

运动之母∷径赛　YUNDONG ZHI MU ∷ JINGSAI

径锦标赛,博尔特在云集了当今世界最优秀的 8 名 100 米飞人的决赛中,以 9 秒 58 再次震惊世界,把北京奥运会上自己创造的世界纪录整整提高了 0.11 秒。而巧合的是,8 月 23 日 200 米比赛中,博尔特把自己在北京奥运会上的世界纪录提高了 0.11 秒,以 19 秒 19 的成绩夺得冠军。从而成为世界田径史上第一个在奥运会和世锦赛中都同时打破世界纪录并夺得金牌的运动员,也成为人类 100 米跑进 9 秒 6 和 200 米跑进 19 秒 2 的第一人。而这个"非人"博尔特的极限究竟在哪里,让我们一起关注。

第四节　径赛运动的欣赏

在观看田径比赛的时候,一般应注意以下几点:

(一)观摩比赛应提前入座,这样,既尊重运动员,也不影响他人观看比赛。

(二)颁奖升旗奏歌时,应肃静起立,不要谈笑或做其他事情,以示尊重。

(三)运动员出场时,观众应该给予鼓励和掌声,不只给予本国的和自己喜欢的运动员,还应包括其他的运动员。

(四)在进行短距离径赛项目时,当运动员站在起跑线后,宣告员开始介绍每位运动员时,观众应报以热烈的掌声和欢呼声,以表示对运动员的喜爱和支持。当裁判员发出"各就位"口令后,即运动员俯身准备起跑时,赛场应保持绝对的安静,观众不要鼓掌呐喊,而应该在心里默默地为运动员加油,以免使场上运动员由于场外因素而分神。当发令枪响后,观众就可以完全释放出自己的活力和激情为自己的偶像呐喊助威了。

（五）在一些长距离项目中，如马拉松，当远远落后的运动员坚持到终点时，观众应该把最热烈的掌声送给这些运动员，为其重在参与的精神鼓掌。

（六）结束时，获胜运动员为答谢观众一般还会绕场一周，大家一定要用掌声和欢呼声为其精彩表现表示欣赏和鼓励。

（七）把赛场当作自己的家去爱护。赛场内禁止吸烟，手机要关机或设置在振动、静音状态。

而针对不同的径赛项目，其欣赏点也是不同的：

短距离项目比赛往往在短短的几秒，十几秒或则几十秒内就结束了，而运动员之间的胜负也是在毫厘之间，竞争的激烈程度能带动观众高涨的情绪，让观众为运动员挑战自我极限，挑战人类运动极限而疯狂。

中长距离项目比赛，运动员之间不仅要比体力，还要有心理的比拼。战术的运用在中长跑项目中尤为重要。我们经常看到肯尼亚运动员的集体作战的团队战术，还有个人的跟随跑战术、领跑战术等。而中长跑在最后阶段决定性的加速中，其竞争的激烈程度，运动员你追我赶的场面，常常掀起观众的热情。

第五章
泾赛运动主要竞赛组织与裁判工作

第一节　径赛运动竞赛组织知识

径赛运动竞赛组织主要介绍分组方面的组织知识。径赛运动根据各项目报名人数可以分为预赛、次赛、复赛和决赛四个轮次，也就是说，一名运动员要进入决赛，同样的项目就必须要跑四次。

（一）其分组原则主要有以下几点：

1. 根据实际情况，每组尽可能的均等。

2. 同一项目中，同一参赛单位的运动员尽量避免分在同一组中。

3. 针对不分道的中长跑项目，每组的人数不能超过跑道数的 2 倍。

4. 长距离跑分组决赛时，一般把成绩好的运动员集中到一组。

5. 一次性决赛的项目，按运动员报名成绩优劣分组。

（二）分组方法：针对短跑项目

1. 蛇形分组

这种分组的方法主要用于有报名成绩的预赛编组和预赛完了以后的次赛、复赛和决赛分组。它首先要明确进行比赛的组数，然后再根据运动员成绩优劣分别进入到各个组中。

例如，有 48 名队员进行比赛，均有报名成绩，其具体分组如下：

131

1	8	9	16	17	24	25	32	33	40	41	48
2	7	10	15	18	23	26	31	34	39	42	47
3	6	11	14	19	22	27	30	35	38	43	46
4	5	12	13	20	21	28	29	36	37	44	45

当同一组中出现同一单位的运动员时,可以上下组进行调整。

组分好后,便是分道,就是决定运动员在这个组中 1~8 道的次序。预赛可以随机进行抽签决定。但当进行次赛、复赛和决赛时,在蛇形编排分组后,根据运动员上一轮次比赛成绩的优劣进行抽签定道次,让同一组成绩好的四名运动员抽取 3、4、5、6 道,而剩下的四名运动员抽取 1、2、7、8 道。这样分道次,其目的是为了让有实力的运动员能顺利进入下一轮,或在决赛中取得更好的成绩。这也是我们看到夺冠的往往都是 3、4、5、6 道的运动员的原因。

2. 斜线分组

这种方法主要是用于报名人数多且没有报名成绩的预赛阶段时的分组。首先是同一单位的运动员按运动员卡片或是号码上下排序,然后通过斜线把不同单位的运动员分到不同的组中。如:

号码顺序 \ 单位码序	成都	自贡	泸州	绵阳	资阳	内江	德阳	乐山	宜宾
	1	11	21	31	41	51	61	71	81
	2	12	22	32	42	52	62	72	82
	3	13	23	33	43	53	63	73	83

即分组情况为:

第一组: 1   12   23   31   42   53   61   72

| 第二组:83 | 2 | 13 | 21 | 32 | 43 | 51 | 62 |

| 第三组:73 | 81 | 3 | 11 | 22 | 33 | 41 | 52 |

| 第四组:63 | 71 | 82 |

在根据分组人数均衡原则,再进行相应调整即可。预赛完后,次赛、复赛和决赛的分组依然采用蛇形分组,道次的抽签也是一样。

第二节　径赛裁判工作知识

一、总体分工

田径裁判分为总裁判长和副总裁判长。总裁判长是全体裁判员的最高领导者,具体负责安排组织裁判员进行工作,全权负责比赛前、比赛中和比赛后的所有裁判工作;副总裁判长则是协助总裁判长保证各项工作顺利进行,并在必要时候代理总裁判长职务。

二、径赛裁判长工作

在总裁判长和副总裁判长的领导下,径赛裁判工作则由径赛裁判长负责。径赛裁判长负责径赛所有项目裁判员的组织安排,并对径赛项目中裁判员的判罚或是运动员出现的一系列有争议的问题具有裁决权。但以下问题要报总裁判长:

1. 对犯规运动员的录取资格及其他疑难问题不能解决时,要签署处理意见报总裁判长解决。

2. 对处理取消运动员比赛资格问题时,要报总裁判长审定。

3. 要向总裁判长报告之后,才有权对不公正的比赛宣布比赛无效,并作出重赛的决定。径赛比赛中,出示黄牌表示警告,红牌则表示取消比赛资格。

三、径赛裁判工作

径赛裁判根据工作性质的不同,分为起点裁判、终点摄影计时裁判、人工计时裁判、终点裁判和检查裁判。

1. 起点裁判:起点裁判主要由发令员、召回发令员和助理发令员组成。(图 5 – 1)

图 5 – 1

(1)发令员

发令员的工作主要有以下几点:

①熟悉场地、各项目起点的位置及发令器材情况等。

②与终点摄影计时或人工计时主裁判取得联系后,发出口令"各就位"。让助理发令员检查运动员"各就位"的动作,当助理发令员举手或举白旗表示都符合规定时,发令员则发出"预备"口令。当所有运动员

在身体预备姿势下均保持稳定了,才在烟屏中央鸣枪。

③在鸣枪前,若有运动员举手示意,表示没有准备好或是受到影响等情况,发令员应立即召回所有运动员,从新上道准备比赛。

(2)召回发令员

召回发令员一般安排两名裁判,其在跑道的两侧。主要负责观察在发令员鸣枪时,是否有运动员抢跑。若有抢跑现象出现,则立即鸣枪召回运动员重新起跑。

(3)助理发令员

①从引导员处接收比赛运动员,核实运动员人数、号码和道次。组织运动员安装起跑器和进行练习。如果是同一项目有过个组时,要注意安排好下一组运动员的练习时间和活动范围,不要影响正常的比赛。

②比赛开始前通知运动员停止练习,整理好比赛服装,站到起跑线后各自的跑到上等待。大屏幕显示各道运动员基本信息,广播开始介绍运动员。

③在发令员发出"各就位"口令后,负责检查每名运动员准备姿势是否符合规定。确定后,给发令员手势或举白旗示意,表示可以进行下一步骤。

④在 4×400 米接力跑时,管理好二、三、四棒的运动员,并按顺序组织他们进入相应的接力区。

2. 终点摄影计时裁判

在国际大赛中,终点摄影计时裁判是非常重要的,俗称"电计时"。他们要负责摄影设备的正常运行,在每组比赛前要与发令员取得联系,确保比赛顺利进行。赛后判读成绩和记录员记录的成绩,核实完毕后输入计算机。最后在大屏幕上公布运动员成绩。

3. 人工计时裁判(图 5-2)

图 5-2

在一般的田径比赛中,都采用人工计时,俗称"手计时"。一般情况下,人工计时裁判每三人为一组,同时为一名运动员计时。把运动员完成比赛的时间按 1/100 秒记录在分表栏中,然后按规则换算成 1/10 秒填写在决定成绩栏中。每完成一组比赛,计时主裁判都要马上收齐记录卡,并立即审核,没有问题后送交径赛记录员。

人工计时要注意几点:

①每次比赛前,检查秒表是否归零,是否正常。若有问题,及时报告计时主裁判。

②开表时,是以看到烟屏上的烟或光为准;停表则是以运动员的躯干任何部分到达终点线后沿垂直面瞬间为准。

4. 终点裁判

终点裁判主要有两项工作:一是准确、迅速地判断运动员到达终点的名次;二是对中长跑和竞走比赛的记圈工作。

对短距离分道的项目,一般裁判多采用"人盯人到底"的方法。即

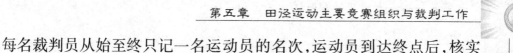

每名裁判员从始至终只记一名运动员的名次,运动员到达终点后,核实运动员道次、号码和队名。

对长距离项目,终点裁判则需要分为总计圈组、脱圈组和余圈显示组。总计圈组主要负责及时向重点摄影计时主裁判通报脱圈和中途退场运动员的号码;最后一圈前,掌握 1 ~ 8 名运动员顺序,并在运动员到达终点时,根据总计圈组的记录,再次通报运动员到达终点的顺序。脱圈组负责记录每圈领先通过终点的运动员,并对脱圈运动员口头报剩余圈数和举牌提示。余圈显示组主要负责记录剩余圈数,控制余圈显示器,并记录好 1 ~ 3 名运动员,做好最后一圈摇铃的工作。

5. 检查裁判

在比赛过程中,我们往往都看到在跑道两侧,每隔一段距离或是特殊区域的地方都会有一些裁判员。这些裁判员就是检查裁判,他们通过旗示相互联络,表示一系列的信息。主要负责在赛前复查径赛场地、设备和器材。在比赛过程中,检查运动员是否有违反规则的行为以及管理好 4×100 米接力跑第二、三、四棒运动员的上道等。由于不同项目的检查重点不同,因此检查裁判要熟悉各项的规则,赛前要认真学习并在比赛过程要细心。

青少年阳光快乐体育丛书

QINGSHAONIAN YANGGUANG KUAILE TIYU CONGSHU

第三节 径赛的场地、设备和器材

一、场地(图5-3;图5-4)

北京奥运会国家体育场

图5-3

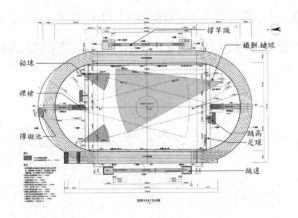

田径场示意图

图5-4

现在正规的田径场跑道是由两个半径相同的半圆弯道和两个相等并平行的直段组成的,被称为半圆式田径场地。它的周长为 400 米,直道应有 8－10 条跑道,弯道应有 8 条跑道,每条跑道的宽度为 1.22～1.25 米,跑道上所有的线宽均为 5 厘米。两边弯道的半圆半径一般有 36 米、36.5 米和 37.898 米,三种半径的半圆弯道都是被认可的,但最好的是 36.5 米。

二、设备

随着科技的高速发展,电子技术已被全面运用到径赛的各个环节中:

1. 终点摄影计时器。高速摄像机摄像的同时对运动员进行计时,名次判读和成绩同时出现,大大提高了工作效率,而且准确性相当高。

2. 起点裁判所使用的"起跑监视器"。起跑器后的感应器通过电脑控制与主机相连,无论哪名运动员抢跑,主机上相应的小红灯就会亮,并且召回发令员所戴的耳机就能清晰地听到监视器发出的信号,及时准确地进行裁决。

3. 风速电动显示牌。能及时让运动员、裁判员和观众了解比赛即时的风速,这样就为运动员打破纪录的成绩是否有效提供了快速准确的客观判断依据。

4. 录像联网的使用。国际大赛中,现场录像监视可以通过大屏幕直接展现给现场观众,让观众可以了解到正在比赛的各个项目的情况,包括外场的马拉松比赛和竞走比赛,提高了观众观看比赛的兴趣。同时,比赛监控录像也使裁判员对运动员的犯规判罚更加客观准确。当然,还有其他如电子显示屏,即时显示运动员信息、成绩等。我们可以看到,这些设备的使用都与电脑的运用密不可分,电脑是当今径赛中不可缺少的设备。

三、器材

径赛中的器材很多,主要有起跑裁判所需的发令枪和烟屏,联络所用的白旗和红旗;终点裁判的秒表;风速显示牌,起跑器以及男子 110 米栏、女子 100 米栏所需的栏架和男女 3000 米障碍跑中使用的障碍架及场地上的水池等。

第四节　径赛的基本规则

一、径赛的名次判定

图 5-5

在田径比赛中,所有赛跑项目参赛者的名次取决于运动员身体躯干(不包括头、颈、臂、腿、手或足)抵达终点线后沿垂直面为止时的顺序,先到达者名次列前(图5-5)。

在任一赛次中,按成绩录取进入下一赛次时如遇运动员成绩相同,则终点摄像主裁判要通过查看相关运动员的1/1000秒的实际成绩来进行判定。如果成绩依然相同,则有关运动员均应进入下一赛次。如实际条件不允许,应抽签决定进入下一赛次的人选。

在决赛中第一名成绩相同,裁判长有权决定是否重赛,若无条件重赛,则并列第一;至于其它名次成绩相同,按并列处理。

二、径赛中的起跑

图5-6

径赛分为短跑、中长跑、马拉松及竞走等项目,所有项目的起跑运动员都必须是从静止开始的。径赛比赛中,发令员的口令可以用本国语言或英语和法语中的一种发令。

在国际赛事中,所有赛程为400米或400米以下的径赛项目,即短跑项目,必须采用蹲踞式起跑及起跑器。若不采用规定姿势和使用规定器械,则判为犯规。

短跑项目中,发令员口令为"各就位"、"预备"(set),发令枪响。运动员根据发令员发出的口令完成相应起跑规定动作,不得故意延误,否则属起跑犯规。运动员在就位后,其双手或双脚均不得触及起跑线或起跑线前的地面。

如果有运动员抢跑,发令员就会宣布其起跑犯规。对第一次起跑犯规的运动员应给予警告,除了全能项目之外,每项比赛只允许一次起跑犯规且运动员不被取消资格,之后每次起跑犯规的运动员均将被取消该项目的比赛资格。

如果运动员在发令员发出"各就位"口令后,发出或做出任何干扰其他运动员起跑的声音或动作,裁判员将对此名运动员判起跑犯规。而运动员在枪声响起前有任何起跑动作,均属起跑犯规。但因仪器或其它原因而非运动员本人造成的起跑犯规,应向所有运动员出示绿牌,如场外发出的噪音影响运动员起跑的判断等,发令员均应让运动员重新准备起跑。

400 米以上(不含 400 米)的径赛项目,均采取站立式起跑。发令员口令为"各就位"和发令枪声。运动员在发令员发出口令之前,按照顺序站在准备线后做好起跑准备,当发令员发出口令后,所有参赛者从准备线后走到起跑线,准备妥当静止后,裁判员鸣枪开始比赛。在这个过程中,运动员的手不得触地。

抢跑判罚标准和短跑一样,对第一次起跑犯规的运动员应给予警告,之后每次起跑犯规的运动员均将被取消该项目的比赛资格。

全能比赛中,如果一名运动员两次起跑犯规,则被取消比赛资格。

三、径赛中的分道跑

图 5 - 7

分道跑主要指 100 米、200 米、400 米和跨栏跑项目,而部分分道跑的径赛项目则是指 800 米跑。在分道跑的比赛中,运动员应自始至终在自己的跑道内完成比赛(图 5 - 7)。

当运动员跑出自己的分道,裁判员要根据实际情况进行判定:

1. 运动员是被他人推、挤或被迫跑出自己分道,没有阻碍他人比赛,也没有从中获得实际利益,不取消比赛资格。

2. 在直道上跑出自己的分道,没有获得实际利益,不判罚。

3. 在弯道上跑出自己的分道外侧分道线,没有获得实际利益,不判罚;但跑出自己的分道内侧分道线,则直接取消比赛资格。

对于 800 米和 4×400 米接力赛,运动员在自己的跑道里起跑,当运动员通过抢道标志线以后才能离开自己的跑道,切入里道。如果运动员提前切入里道,则取消运动员或运动队的比赛资格。

四、离开跑道

运动员自愿离开跑道后将不得继续参加该项目比赛。

五、径赛中的阻挡

运动员挤撞或阻挡其他运动员从而妨碍其走或跑进时,此运动员将被取消该项目比赛资格。若在预赛中,受到严重影响的运动员可以参加下一次的比赛。

六、接力赛

图 5-8

径赛比赛中,只有接力赛跑允许运动员在跑道上做标记。但不能使用粉笔或其他任何擦不掉痕迹的物质标记。

在接力跑过程当中,运动员必须手持接力棒跑完全程,运动员不能带手套或在手上放置任何利于抓握接力棒的物质。

一旦发生掉棒情况,要求必须由掉棒运动员自己捡起,在捡棒时可以离开自己的分道捡棒,但不能因此缩短比赛距离。在上述过程中,没有影响其他运动员比赛,则不被取消比赛资格。

在所有接力赛跑中,交接棒都必须在接力区内完成。在接力区外交接棒将被取消比赛资格。判断的依据为接力棒的位置是否在接力区内完成接力,而不是运动员的身体或四肢的位置。

运动员在接棒之前和交棒之后,应留在各自分道或接力区内,直到跑道畅通。如果运动员跑出或走出分道而故意阻碍其他接力队员,则取消该接力队的比赛资格。

在 4×400 米接力跑中,第一棒全程及第二棒的第一弯道是分道跑,第一棒的传接必须在参赛者指定的跑道内进行,第二棒运动员要跑至抢道线后方可自由抢道。裁判员根据第二及第三棒运动员通过 200 米起点处的先后,按次序让其第三及第四棒的队友在接力区内,由内至外排列等候接棒。所有接棒者均不可在接力区外起跑。

七、跨栏

图 5—9

在跨栏项目中(图5-9),在满足分道跑的各种规则的基础上,出现以下几种情况之一,将被取消比赛资格:

1.没有跨越栏架。

2.在过栏瞬间其脚或腿低于栏顶水平面。

3.跨越其他分道内的栏架。

4.裁判长认为运动员有意撞倒栏架而从中获益。

八、障碍跑

图5-10

障碍跑项目除了要遵守基本的径赛规则外,运动员在跨越水池时,必须越过或涉过水面(图5-10),如果出现以下情况将被取消比赛资格:

1.没有跨越栏架。

2.踏上水池两边的任意一边。

3. 在过栏瞬间其脚或腿低于栏顶水平面。

九、竞走

竞走比赛中一般设有 6~9 名专职的竞走裁判员监督运动员,而这些裁判员分别来自不同的国家。

按规则规定,他们不能借助任何设备帮助判断,只能依靠自己的眼睛来判断运动员是否犯规。当竞走裁判员看到竞走运动员的动作有违反竞走技术的迹象时,应予以黄牌警告,并在赛后报告给主裁判。但一名裁判员无权对任何一名运动员相同的犯规给予第二次警告。

当运动员的行进方式违反竞走技术的规定,表现出肉眼可见的腾空或膝关节弯曲时,竞走裁判员须将一张红卡送交竞走主裁判。

出现以下情况,运动员将被取消比赛资格:

1. 当竞走主裁判收到针对同一名运动员的三张来自不同竞走裁判员的红卡时,该运动员即被取消比赛资格,并由主裁判或主裁判助理向其出示红牌通知他(她)。但三张红卡必须是来自不同国籍裁判出示的。

2. 在比赛的最后 100 米中,当运动员的行进方式明显违反竞走运动定义时,竞走主裁判不管此前是否收到过几次对该运动员的严重警告,均有权取消该运动员的比赛资格。

被取消比赛的运动员应立即离开跑道或是公路竞走的运动员应立即取下号码,离开比赛路线。

十、公路跑（图5-11）

图5-11

公路跑主要是要求运动员必须按照路线行进,如果发现并确认运动员离开了原定的路线而缩短了比赛距离,将取消该运动员继续参加比赛的资格。

第六章
泾赛运动生理卫生与保健常识

第一节　径赛中常见损伤

在径赛项目中,常见的损伤主要有:擦伤、划伤、肌肉拉伤、疲劳性骨膜炎、踝关节扭伤和运动中腹痛以及中暑。

一、擦伤

擦伤是最为常见,并且经常发生的损伤。它是机体表面与粗糙的物体相互摩擦而引起的皮肤表层损害。如,在跑步过程不小心摔倒,人体与地面摩擦;在跨栏的过程中,腿不小心撞倒栏架时发生的摩擦等。

擦伤的主要表现为表皮脱落,有小的出血点和组织液渗出。

二、划伤

划伤是尖锐物刺穿皮肤及皮下组织的损伤。在径赛比赛中,很容易出现在中长跑不分道的项目中,特别是在出发时,运动员人数较多而为了争抢有力位置相互之间距离较近,后面的运动员容易被前面运动员所穿跑鞋的跑钉划伤。

划伤较擦伤,伤口更深,出血量更多。

三、肌肉拉伤

肌肉拉伤是指肌肉主动强烈的收缩超过了肌肉的最大肌力范围或肌肉被动过度的拉长超过了肌肉的伸展性,而造成的肌肉微细损伤、肌肉部分撕裂或是完全断裂的现象。肌肉的拉伤在径赛项目中主要出现在短距离比赛中,并且大腿后群肌最为常见。

肌肉拉伤的主要特征表现为拉伤部位疼痛、肿胀、肌肉紧张并发硬,用手压具有强烈的压痛感。当受伤肌肉主动收缩或被动拉长时疼痛感明显加强。肌肉拉伤点或是拉裂的位置有凹陷现象,并伴有明显的皮下淤血出现,若肌肉断裂则表现更为突出。

四、疲劳性骨膜炎

疲劳性骨膜炎多发生在胫骨、腓骨、距骨、尺骨和桡骨。产生原因多是因为在硬地上过多地跑跳、某一部位局部受力过大或是缓冲不明显,屈肌过于疲劳而引起的。骨膜炎是对运动量过大的一种不适应反应。

疲劳性骨膜炎所表现的症状为:早期可能出现皮肤发红,触摸时有轻微灼热感。轻者在运动后出现局部的疼痛,在运动量较大时疼痛加剧;严重者行走或不运动均有疼痛感。在骨面上用手能摸到压痛点,有的比较集中,有的比较分撒。

胫腓骨骨膜炎在后蹬时有疼痛感;尺桡骨骨膜炎在支撑时有疼痛感。

五、踝关节扭伤

1. 损伤原因

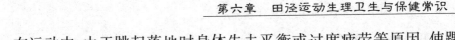

在运动中,由于跳起落地时身体失去平衡或过度疲劳等原因,使踝关节发生过度内翻(旋后),引起外侧韧带的过度牵扯、部分断裂或完全断裂。

2. 症状与诊断

(1)有踝跖屈内翻的外伤史。

(2)疼痛:踝部关节外侧、踝尖前下方疼痛,在走路和活动关节时最明显。

(3)肿胀:肿胀迅速出现,皮下可见淤血。

(4)破行:因组织断裂,关节积血或撕裂的韧带嵌入关节内,使行走疼痛,出现跛行。

(5)局部明显压痛:压痛多在外踝前下方,则是单纯韧带损伤;压痛若多在外踝或踝尖部,则可诊断是否并有撕脱骨折。

(6)内翻痛:即握住患肢前足,使足被动内翻,在踝关节外侧的损伤部位出现疼痛。如内翻运动超出正常范围,外侧关节间隙增宽,距骨在两踝之间旋转角度增大,表示外侧韧带完全断裂。

六、运动中腹痛

症状:运动时,腹部出现不同程度的疼痛。

处治方法:发生腹痛时,首先减慢运动速度、加深呼吸、调整节律,自行用手按痛处,弯腰慢跑,一般疼痛会减轻或消失;如自我调节无效时,应停止运动,口服解痉药物或点、掐、针刺足三里、内关、合谷、三阴交等穴位并进行腹部热敷;如仍无效,则需请医生诊治。

七、中暑

在高温天气下参加运动,常常遇到的一种病症。中暑的现象主要表

现为以下 3 种情况:

1. 体热产生和热量释放的平衡被破坏,陷入局部热状态中而引起的日射病和热射病。

2. 大量的发汗而引起的脱水性休克的热衰竭。

3. 发汗所引起的盐分缺乏性痉挛。

第二节 径赛中损伤预防措施及临场处治方法

针对不同的损伤,采取不同的预防措施;而损伤程度的不同,临场处理的方法也是不同的。

一、擦伤

小面积的擦伤,直接用2.5%的碘酒或是75%的酒精涂抹即可。而对于擦伤面积较大、伤口较深的伤口,要防止伤口感染,一般先用2.5%的碘酒或是75%的酒精对伤口进行消毒,然后用生理盐水或1‰雷弗奴尔纱布对伤口进行简单包扎。

二、划伤

轻微划伤与擦伤的处理方法相同。对于伤口较大,较深的划伤,需要采取及时止血,快速送往医院或是有赛场医务点进行伤口的清理和缝合。而伤口有较为严重污染的,需要注射破伤风。

三、肌肉拉伤

对于肌肉拉伤的临场处理方法为用冰块对拉伤部位进行冷敷,减少出血量,然后进行加压包扎。同时让患肢处于肌肉放松的位置,减少其活动以减轻疼痛。48 小时后才能在医生的指导下进行轻微按摩,必要时需要通过针灸疗法帮助恢复。而对于肌肉可能出现拉裂或断裂的患者,应马上进行局部的加压包扎,固定患肢,立即送往医院,必要时进行手术治疗。

预防措施:1. 在比赛前或运动前,充分做好准备活动。2. 根据自己的能力,合理选择相适应的运动量进行运动。3. 纠正和改进技术动作。4. 加强屈肌和易受伤部位肌肉的力量和柔韧性练习,使屈肌和伸肌的力量达到相对平衡,是预防肌肉拉伤的有效办法。

四、疲劳性骨膜炎

疲劳性骨膜炎与其他运动损伤不同,它是受伤部位因长期积累而出现的伤病,因而不会及时性的出现,所以也就没有临场处理这一说法。针对疲劳性骨膜炎的处理为:1. 对于早期出现或症状轻者,用弹性绷带对出现部位进行包扎,减少局部的活动量,随着局部对运动负荷的适应,2~3 周后就可以痊愈。2. 症状严重者,不仅要减少运动,还需要到医院进行治疗。

预防措施:1. 尽量避免在过硬的场地上进行过多或长时间的跑步练习,如不要长时间在水泥地上进行后蹬跑等练习。2. 运动前做好准备活动,及时纠正不正确的动作。3. 训练后要进行放松练习。4. 避免肢体某一部位过分受力。

五、踝关节扭伤

一般情况下,对于急性扭伤都采用 RICE,即制动、冷敷、加压和抬高。但在这个过程中应注意以下一些问题：

1. 制动：一旦出现扭伤，伤体尽量不要运动，以免出现重复损伤。

2. 冷敷：冷敷的时间一般为 10~20 分钟，但是根据个人的具体情况及体质的不同，冷敷时间也是不一样。冷敷的同时也应注意自身的感觉。冷敷时会有猛击一下所产生的疼痛，接下来会感觉到有热乎乎的感觉，其后会产生针扎似的疼痛，直至最后患部失去感觉。冷敷会经历"疼痛－热感－针扎似的感觉－失去感觉"四个阶段。但如果通过这四个阶段还有疼痛，就有发生冻伤的危险。失去感觉后就应立刻停止冷敷，这是最基本的常识。对于感觉不敏感、长时间进行冷敷都没有冰冷感觉的人，不宜冷敷过长。

3. 加压：在临场有条件的情况下，用绷带把损伤的踝关节用力包裹起来。但要注意加压的力度不能太大，否则会影响血液循环。加压力度以伤者的感觉为宜。

4. 抬高：是指在休息时，尽量抬高伤体，这样可以在加压包扎的帮助下，减少受伤部位的毛细血管出血量，减轻肿胀程度。

六、中暑

中暑的预防措施如下：

1. 首先是在服装的选择上。在高温而且湿度也非常高的情况下应穿短裤和白 T 恤衫，尼龙质地的运动衣透气性能好，易于汗液的挥发和体温的下降。相反地，穿棉质运动衣则是非常危险的。

2. 在水分的补充上。为了避免中暑，补充水分的顺序应该是：运动前 2 小时补充 1 升水；运动 15 分钟前补充 400~500 毫升；运动中每 30 分钟补充 400~500 毫升；运动后喝 5~6 大杯的水，冷水比热水更容易

吸收。

　　3. 在训练的时间上也要尽量安排在早晚进行,必要时可以中断训练。

附录

专业词汇中英文对照表

短　　跑：sprints

起　　跑：start

各就位：on your marks

预　　备：Set

跑：Go

蹲踞式起跑：crouch start

站立式起跑：standing start

起跑器：starting blocks

起跑后的加速跑：acceleration

途中跑：running

终点跑：finish

中长跑：middle and long distance running

马拉松：marathon

跨栏跑：hurdles

摆动腿：lead leg

起跨腿：take-off leg

起跑至第一栏：the start and acceleration to the first hurdle

过　　栏：the clearance of the hurdle

栏间跑：the sprinting between the hurdles

障碍跑：steeple chase

跨越障碍架：clearing the barriers

过水池：clearing the water

竞　走：racewalking

支撑腿：the support leg

摆动腿：the swing leg

接力跑：Relays

跳　高：High Jump

助　跑：approach

起　跳：takeoff

过　杆：flight

着　地：landing

撑竿跳高：Pole Vault

插　竿：plant

悬垂摆体：swing

伸　展：stretch

过　杆：bar clearance

跳　远：Long Jump

踏　板：touchdown

缓　冲：amortization

蹬　伸：extension

腾　空：flight

挺身式：Hang

蹲踞式：Sail

走步式：Hitch－kick

三级跳远：Triple Jump

第一跳（单足跳）：First jump – the Hop

第二跳（跨步跳）：Second jump – the Step

第三跳（跳　跃）：Third jump – the Jump

推铅球：Shot Put

握持铅球：The Putting Hand Position

滑步：glide

最后用力：delivery

维持身体平衡：recovery

掷标枪：Javelin Throw

握枪和持枪：The Holding Hand Position

"拇指、中指握标枪"：thumb and middle finger grip

"拇指、食指握标枪"：thumb and index finger grip

掷铁饼：Discus Throw

旋　转：turn

掷链球：Hammer Throw

预备姿势：starting position

十项全能：Decathlon

七项全能：Heptathlon

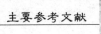

主要参考文献

1．文超．田径运动高级教程．北京：人民体育出版社，1994．

2．全国体育学院教材委员会．田径运动教程．北京：人民体育出版社，1999．

3．全国体育学院教材委员会．运动医学．北京：人民体育出版社，1999．

4．郑怀贤．运动创伤学．成都：四川人民出版社，1982．

5．全国体育学院教材委员会．运动生理学．北京：人民体育出版社，2002．

6．王倩．田径竞赛裁判手册．北京：人民体育出版社，1999．

7．钟利友．小学体育游戏 150 例．浙江人民出版社，1983．

8．王保成．短跑——田径教学训练实用丛书．北京：人民体育出版社，1997．

9．詹建国．跨栏跑（现代跨栏跑技术与训练）——田径教练员指导丛书．北京：北京体育大学出版社，2004．

10．于鸿森．中长跑（现代技术训练与健身）——田径教练员指导丛书．北京：北京体育大学出版社，2004．

11．张英波．现代田径运动训练方法．北京：北京体育大学出版社，2005．

12．黄化礼．全国中学田径教练员培训教材．北京：清华大学出版社，2004．

13．中国田径协会．田径竞赛规则（2006）．北京：人民体育出版社，2006.

14．尹军，郑亚平，董琦．趣味田径游戏．北京：北京体育大学出版社，2006.

15．杰弗蒂鲍尔斯（英）．奥运会奇闻趣事．李黎，等，译．北京：蓝天出版社，2008.

16．孙南，马元康．田径运动技术英汉双语教程．北京：北京体育大学出版社，1999.